"十二五"国家重点图书出版规划项目

中国企业行为治理研究丛书

社 会 责 任 卷

中国企业慈善捐赠行为及其税收政策研究

葛笑春　黄　靖　李明星　著

浙江工商大学出版社
ZHEJIANG GONGSHANG UNIVERSITY PRESS

图书在版编目(CIP)数据

中国企业慈善捐赠行为及其税收政策研究 / 葛笑春,黄靖,李明星著. —杭州：浙江工商大学出版社,2016.12(2017.9 重印)
(中国企业行为治理研究丛书)
ISBN 978-7-5178-1972-1

Ⅰ. ①中… Ⅱ. ①黄… ②李… Ⅲ. ①企业－慈善事业－研究－中国②企业管理－税收管理－研究－中国
Ⅳ. ①D632.1②F812.423

中国版本图书馆 CIP 数据核字(2016)第 304013 号

中国企业慈善捐赠行为及其税收政策研究
葛笑春　黄　靖　李明星　著

责任编辑	谭娟娟　汪　浩
责任校对	梁春晓
封面设计	林朦朦
责任印制	包建辉
出版发行	浙江工商大学出版社
	(杭州市教工路 198 号　邮政编码 310012)
	(E-mail:zjgsupress@163.com)
	(网址:http://www.zjgsupress.com)
	电话:0571－88904980,88831806(传真)
排　　版	杭州朝曦图文设计有限公司
印　　刷	虎彩印艺股份有限公司
开　　本	710mm×1000mm　1/16
印　　张	13.25
字　　数	204 千
版印次	2016 年 12 月第 1 版　2017 年 9 月第 2 次印刷
书　　号	ISBN 978-7-5178-1972-1
定　　价	36.00 元

本著作是以下项目资助成果：

◎ 国家社科基金项目"我国企业慈善捐赠行为的税收政策研究"（编号 12BGL030）

◎ 浙江省自然科学基金"非营利组织社会责任及其对组织绩效的影响：基于浙江的实证研究"（编号 Y16G0200012016）

◎ 浙江省高校人文社科重点研究基地项目"基于社会责任视角的企业竞争力提升路径研究：以浙江省为例"（编号 JYTGS20151103）

◎ 国家自然科学基金青年项目"战略性社会责任及其对企业经济绩效的影响机制研究"（编号 71302150）

总　序

　　企业是社会发展的产物,随着社会分工的开展而成长壮大。作为现代经济中的基本单位,企业行为既是微观经济的产物,又是宏观调控的结果。就某种意义而言,企业行为模式可被看成整个经济体制模式的标志。

　　从社会学的研究来看,人类社会就是一部社会变迁的进步史,社会变迁是一个缓慢的过程,而转型就是社会变迁当中的“惊险一跳”,意味着从原有的发展轨道进入新的发展轨道。三十多年来,我们国家对外开放、对内改革,实质上就是一个社会转型的过程。这一时期,从经济主体的构成到整个经济社会的制度环境都发生了巨大变迁,而国际环境也经历着过山车般的大起大落。“十一五”末期国际金融海啸来袭,经济急速下滑,市场激烈震荡,危机对中国经济、中国企业的影响至今犹存。因此,国家将“十二五”的基调定为社会转型。这无疑给管理学的研究提供了异常丰富的素材,同时也给管理学研究者平添了十足的压力。

　　作为承载管理学教学和科研任务的高校,如何在变革的时代有效地发挥自身的价值,以知识和人才为途径,传递学者对时代呼唤的响应,是一个非常值得思考的论题。这个论题关系到如何把握新经济环境下企业行为的规律,联系产业特征、地域特点,立足当下,着眼未来,为企业运营、政府决策提供有力的支持。

　　在国际化竞争和较量的进程中,中国经济逐渐显现出一种新观念、新技术和新体制相结合的经济转型模式。这种经济转型模式不仅是中国现代经济增长的主要动力,而且将改变人们的生产方式和生活方式,企业则是这一过程的参与者、推动者和促成者。因此,企业首先成为我们管理学研究者最为关注的焦点。在经济社会重大转型这一背景之下,一方面由于企业内部某种机理的紊乱,以及转轨时期企业目标的交叉连环性和多元性,另一方面由于外部环境的不合理作用,所以企业行为纷繁复杂,既有能对经济社会产生强劲推动作用的长远眼光,也存在破坏经济社会可持续发展的短视行为。随着经济和社会的进步,企业不仅要对营利负责,而且要对环境负责,并需要承担相应的社会责任。总体而言,中国企业在发展中面临许多新问题、新矛盾,部分企业还出现生产经营困难,这些都是转型升级过程中必然出现的现象。

"转型大师"拉里·博西迪和拉姆·查兰曾言:"到了彻底改变企业思维的时候了,要么转型,要么破产。"企业是否主动预见未来,实行战略转型,分析、预见和控制转型风险,对于转型能否成功至关重要。如果一个企业想在它的领域中有效地发挥作用,行为治理可以涉及该企业将面临的更多问题;而如果企业想要达到长期目标,行为治理可以为其提供总体方向上的建议。在管理学研究领域,行为治理虽然是一个全新的概念,却提供了一个在新经济环境下基于宏观、中观、微观全视角来研究企业行为的良好开端。

现代公司制度特指市场经济中的企业法人制度,其特点是企业的资产所有权与资产控制权、经营决策权、经济活动的组织管理权相分离。于公司治理而言,其治理结构、方式等的选择和演化不仅受到自身条件的约束,同时还受到政治、经济、法律和文化等外部制度环境的影响。根据North(1990)的研究,相互依赖的制度会构成制度结构或制度矩阵,这些制度结构具有网络外部性,并产生大量的递增报酬。这使得任何想改善公司治理的努力都会受到其他制度的约束,使得公司治理产生路径依赖。在这种情况下,要想打破路径依赖,优化治理结构,从制度设计角度出发进行行为治理,便是一个很好的思路。

此外,党的十八届四中全会提出"实现立法和改革决策相衔接,做到重大改革于法有据、立法主动适应改革和经济社会发展需要"的精神,而《中华人民共和国促进科技成果转化法修正案(草案)》的通过,则使促进科技创新的制度红利得到依法释放。我国"十二五"科学和技术发展规划中明确指出,要把科研攻关与市场开放紧密结合,推动技术与资本等要素相结合,引导资本市场和社会投资更加重视投向科技成果转化和产业化。新时期科技创新始于技术,成于资本,以产业发展为导向的科技创新需要科技资源、企业资源与金融资源的有机结合。因此,如何通过有效的企业行为治理,将各方资源进行有效整合,则成为促进科学技术向第一生产力转化所面临的新命题。

由上述分析可以发现,无论是从制度、科技、创新角度,还是从公司治理、企业转型角度出发,企业的目标都是可持续的生存和发展,而战略则成为企业实现这一目标的有效途径。战略强调企业与环境的互动,如何通过把握新时期、新环境来制订和执行有效的战略决策以获取竞争优势,则成为企业在新经济环境下应担起的艰巨任务。另外,企业制订发展战略的同时应当寻找能为企业和社会创造共享价值的机会,包括价值链上的创新和竞争环境的投资,即做到企业社会责任支持企业目标。履行战略型企业社会责任不只是做一个良好的企业公民,也不只是减轻价值链活动所造成的不利社会影响,而且要推出一些能产生显著而独特的社会效益和企业效益的重大举措。

浙江工商大学工商管理学院(以下简称“管理学院”)是浙江工商大学历史最长、规模较大的一个学院。其前身是 1978 年成立的企业管理系,2001 年改设工商管理学院。学院拥有工商管理博士后流动站和工商管理一级学科博士点,其学科基础主要是企业管理,该学科 1996 年成为原国内贸易部重点学科,1999 年后一直是浙江省重点学科。2006 年学院被评为浙江省高校人文社科重点研究基地,2012 年升级为工商管理一级学科人文社科重点研究基地。该研究基地始终围绕“组织、战略、创新”三个最具企业发展特征的领域加以研究,取得了较为丰硕的成果。本套丛书正是其中的代表。

经过多年的理论研究和实践尝试,我们认为中国企业经历了改革开放后三十多年的高速发展,已然形成自身的行为体系和价值系统,但是在国际环境的复杂多变及国内改革步入全面深化攻坚阶段的特殊历史背景下,如何形成系统的行为治理框架将直接决定中国企业可持续发展能力的塑造及核心竞争力的形成。

本套丛书以中国企业行为治理机制为核心,分“公司治理卷”“转型升级卷”“组织伦理卷”“战略联盟卷”“社会责任卷”“领导行为卷”“运营管理卷”七卷,从各个视角详细阐述中国企业行为治理的前沿理论及现实问题,首次对中国企业行为治理的发展做了全面、客观的梳理。丛书内容上涵盖了中国企业行为的主要领域,其中涉及战略、组织、人力、创新、国际化、转型升级等宏观、中观、微观层次,系统完备;所有的分卷都是所属学科的最前沿研究主题,反映了国内外最新的发展动态,立足学术前沿;所有分卷的作者均具有博士学位,其中包括该领域国内外知名的专家和学者,是名副其实的博士文集;所有分卷的内容都是国家自然科学基金、国家社科基金及教育部基金的资助项目,体现了较强的权威性,符合国家科研发展方向。

本套丛书既是我们对中国企业行为治理领域相关成果的总结,也是对该领域未来发展方向探索的一次尝试。如果本套丛书能为国内外相关领域理论研究与实践探索的专家和学者提供一些基础性、建设性的意见和建议,这将是我们最大的收获。

"谦逊而执着,谦恭而无畏",既是第五级管理者的特质,也是我们从事学术研究的座右铭。愿中国企业行为治理研究能够真正实现"顶天立地、福泽万民"!

郝云宏

浙江工商大学工商管理学院院长　教授　博导

2014 年 11 月 15 日于钱塘江畔

前　言

　　20 世纪以来,随着市场经济的迅猛发展,贫富差距问题逐渐凸显,目前我国基尼系数已达 0.465,因此,推动慈善捐赠,发展慈善事业已成为政府调节社会财富分配,缩小贫富差距的重要手段之一。然而,作为我国慈善捐赠主体的企业,其慈善捐赠水平较低,仅相当于美国 20 世纪 60 年代的水平。产生这一差距的原因是多方面的,但税收政策作为重要的外生变量对企业慈善捐赠行为产生的影响是不能忽略的。目前,很多研究都发现,公司慈善捐赠行为与税收政策存在一定的关系,但各个国家税收法律制度的不同及企业自身传统观念的差别,使得税收政策的影响程度在不同国家和地区之间存在明显的差异。

　　本书重点解决我国企业慈善捐赠行为与税收政策研究中存在的几大问题:①税收政策对于企业慈善捐赠行为影响的研究仅限于政策分析,并没有建构政策分析—政策评估—政策管理的系统研究框架,由此政策难以达到协同性和针对性的目标。②有关税收政策对于企业慈善捐赠行为影响的研究,侧重税收政策对于企业慈善捐赠数量的影响,较少考虑企业慈善捐赠的成本和效益,难以兼顾社会效用和企业效用均衡的目标;并且,研究只考虑名义税率和扣除限额对于企业慈善捐赠行为的影响,忽略了企业对既定税收政策的理性反应行为。③政策评估需要大样本企业客体和政策的实际实施,评估时间跨度大,这制约了研究工作的开展。因此,借助仿真模拟对政策进行评估是一个新的研究课题。

　　围绕上述三个问题,本书首先对企业慈善捐赠行为和相关税收政策进行了梳理,将国内外相关税收政策进行了比对,同时分析了企业慈善捐赠行为与企业利润间的关系,以明确企业慈善捐赠行为的内在动力。其次,本书对企业慈善捐赠行为的生成机制及其优化方法进行了理论探讨。

当然,理论分析框架需要实证研究的检验和支撑,作为另一个重要组成部分,本书分三个层次对理论机理进行了验证。第一,通过研究无锡地区414家企业的调研数据发现:经济性质不同的企业对与慈善捐赠有关的税收政策的反应有明显差异,基本表现为外资企业>民营企业>国有企业;所属行业不同的企业对相关税收政策的反应有明显差异,差异较高的有电力及燃气业,制造业,建筑及交通仓储业;产品销售范围及成长阶段不同的企业对相关税收政策的反应也有明显差异。第二,考虑到样本数据的代表性,本书进一步对5个典型案例企业进行了多案例研究。研究表明,允许实物捐赠也能税前抵扣将对企业慈善捐赠行为有一定程度的促进作用;同时,提升慈善捐赠的税前抵扣比例或者允许慈善捐赠进行递延抵扣将促进企业进行慈善捐赠。第三,本书通过运用 NetLogo 仿真方法发现,在一定的范围之内,实物捐赠的效用会优于现金捐赠,但是当超过一定的范围之后,现金捐赠的效用又会优于实物捐赠。

作为最终指向,本书立足企业、社会及政府等层面,归纳了具有操作性的我国企业慈善捐赠税收优惠政策的完善思路。本书的创新在于突破了传统政策分析框架的局限性,建构政策分析—政策评估—政策管理的系统研究框架,为企业慈善捐赠行为税收政策的研究提供了新的研究思路。同时,多元化、多层次的实证方法,使本书不仅仅聚焦于政策对提高企业慈善捐赠数量的影响,也考量在特定社会环境下企业慈善捐赠的成本,以及企业对税收政策的理性反应行为。另外,运用 NetLogo 仿真方法,对税收政策的实施过程和效应进行模拟和评估,从而突破了现有政策评估方法在需要大样本政策客体、评估时间跨度大和政策实施难等方面的局限。

本书的构思始于 2013 年,在 2015 年 6 月完成了基本校对,但欣闻2016 年初中国第一部有关慈善的法律文件将出台,考虑到其相关内容对于本书有重大意义,因此待其发布并补充校对,至今才予截稿。

2016 年《中华人民共和国慈善法》(后简称《慈善法》)的出台是我国慈善事业发展的重要一步,其相关条文也印证了本书之前论证提出的诸多观点,特做此记!

Preface

Since the beginning of the 20th Century, with the drastic development of market economy, the gap between the rich and the poor has been widening and has become an outstanding social problem, and the Gini Coefficient has reached the level of 0.465. To promote charitable donation and philanthropy has already become an important means of adjusting the distribution of social wealth and narrowing the gap between the rich and the poor. Nevertheless, the charitable donations contributed by corporations, the major donators of China's charitable donation, still remain at a low level, which is only comparable to that of the United States in 1960s. Multiple causes may account for this difference, however, tax policies, the major external variable which has an influence upon corporate charitable donations, is not to be ignored. Many researches have found that there is a correlation between corporate charitable acts and tax policies, but tax policies' influence varies greatly in different countries and regions, because of different countries' different tax laws and regulations and corporations' different norms.

This book focuses on a few major issues in the research of China's corporate charitable donations and tax policies. Firstly, the researches on tax policies' influence upon corporate charitable donation focus only on policy analysis, without constructing a framework of policy analysis to policy evaluation to policy management system, thus realizing the policy analysis and pertinence is difficult. Secondly, as to the influence of tax policies upon corporate charitable acts, most literature focus on tax policies' influence upon the amount of corporate charitable donations, and only a few researches are about costs and benefits of corporate charitable donation. Besides, most researches only deal with the nominal tax rate and deductible limit's influence upon corporate charitable donations, and corporations' rational reaction to certain tax policies is ignored. Thirdly, policy evaluation requires large samples of corporations and feedback from policy implementation in a wide time span, which unavoidably limits the research work. Therefore, applying simulated methods to evaluate policies can be a new research project.

Based on the above three questions, this book reviews corporate charitable donations and related tax policies, and compares them with those of foreign countries. The relationship between corporate charitable donations and corporate profits is analyzed to clarify the inner motivation of corporate charitable donations, based on which the generative mechanism and optimization method of corporate charitable donation are theoretically discussed. Theoretical framework needs empirical examination and support. As an important part of this book, the author analyzed the theoretical mechanism on three different levels. Firstly, the data from 414 corporations in Wuxi, Jiangsu Province shows that corporations of different ownership backgrounds have different reactions to tax policies related to charitable donations: foreign enterprises＞private enterprises ＞state-owned enterprises. Corporations of different industries have different reactions to tax policies, among which industries of electricity and gas, manufacturing, construction, transportation and warehousing have comparatively high differences. Corporations with different selling areas and different developing levels have different reactions to tax policies. In addition, considering the representativeness of samples, this book analyzes book 5 typical corporations, revealing that allowing tax deductions through material donations can promote corporate charitable donation to a certain extent. To increase the level of pretax deductions or allow postponed deductions will also promote corporate charitable donations. Lastly, through applying NetLogo simulation method, the author found that the effect of material donation is better than that of cash donation within a certain range, and cash donations' effect can be better than material donation over a certain range.

The utmost purpose of this book is to find out a path to developing practical favorable tax policies of corporate charitable donation for corporations, society and government. This book is an innovation in that it broke through the limit of traditional policy analytical framework. A framework of policy analysis to policy evaluation to policy management is constructed, which provides inspiration for the study of tax policy of corporate charitable donation. This research not only focuses on the influence of tax policy upon the amount of corporate charitable donation, but also touches upon the cost of corporate charitable donation in certain social environment and corporations' reaction to tax policies. NetLogo enables the author to simulate and evaluate policies' implementation and effects, and it is a breakthrough of current policy evaluation methods, which are often limited by large samples, evaluation time span and policy implementation.

This book was conceived in the year of 2013 and the draft was finished in June 2015. At the beginning of 2016, China's first charity law was passed, and it would have great significance on this book. This is why the author decided to wait until the law was fully publicized and then finished the last lines of this book.

Many clauses in the 2016 Charity Law match with quite a few points in this book, and there has been, really a great progress in China's philanthropy.

目　录

Contents

图目录

Figure Contents

表目录

Table Contents

第1章 研究背景与思路方法

1.1 研究背景与问题提出

现代意义上的企业慈善捐赠活动源于西方工业文明。随着经济全球化的发展和中国企业实力的壮大,越来越多的中国企业开始进行慈善捐赠活动,学术界也涌现了越来越多的相关研究。

1.1.1 我国企业对慈善活动热情高涨,但捐赠水平仍总体偏低

近年来,我国慈善事业的发展逐步从起步阶段进入快速增长阶段。《2014 中国慈善发展报告》的调查数据①显示:2014 年,我国境内接受国内外社会捐款捐物总额共计 1 042 余亿元,单笔大额捐赠突破百亿元,这也是全国捐赠总量在没有大灾的情况下首次突破千亿元。报告分析,这一数字较 2013 年增加近 53 亿元。值得关注的是,2008 年,我国慈善捐赠总量超过 1 000 亿元,但其中 700 多亿元是针对"汶川地震"的专项捐赠,常规捐赠只有 321 亿元。2014 年,常规捐赠量达到了 986 亿元,为历史最高。其中,马云和蔡崇信捐赠阿里巴巴 2% 的股权,按其时股价计算,捐赠金额达 245 亿元,成为我国有史以来最大单笔捐赠。报告显示,2014 年,企业捐赠约占捐赠总量的 7 成。在企业捐赠中,民营企业和外资企业是捐赠的主力军,占 76%;国有企业捐赠约 151 亿元,占企业年度捐赠总额的份额不到 21%。与往年数据相比,2014 年全国企业捐赠、人

---

① 数据整理自 http://news. cntv. cn/china/20120713/114808. shtml,中国网络电视台,2012 年。

民团体与社会组织捐赠、政府捐赠占比略有上升；而个人捐赠占比约为11％,已连续3年下降。由此可见,我国企业界并没有受到经济下行压力的影响,参与慈善捐赠的热情日益增长。

　　然而,我国总体的慈善捐赠水平还相对偏低,数据显示,美国年慈善公益捐赠额高达6 700多亿美元,占GDP的9％。据《2014年度中国慈善捐助报告》显示,2014年我国社会慈善捐赠总额仅占中国全年GDP的0.16％,但这仍比2013年小幅增长了5.3％。产生这一差距的原因来自多个方面,但税收政策作为重要的外部驱动因素对企业慈善捐赠行为产生的影响是不能忽略的。

1.1.2　税收政策对企业慈善捐赠行为具有明显导向作用

　　实际上,优惠的税收政策对于企业慈善捐赠资金流向具有非常明显的引导作用,我国历年的税收政策调整对捐赠数额的影响也能反映出这种政策的引导效应。2003年,我国发生严重的非典型肺炎(SARS),国家税务总局及财政部于4月29日出台了《关于纳税人向防治非典型肺炎事业捐赠税前扣除问题的通知》,允许企业针对SARS进行的捐赠在缴纳所得税前全额扣除。该政策一经出台,仅北京民政局登记的捐赠额在4天之内就从7 000万元增加到1.675亿元。[①] 2008年,我国出台的新《企业所得税法》及其实施条例将企业捐赠的所得税前扣除比例从年度应纳税所得额的3％更改为年度利润的12％,提高了行业利润率高的企业的捐赠热情,而且采取审核制使得更多的慈善组织能够申请税收减免资格,由此我国慈善捐赠数额激增,慈善组织数量也大幅增加。据我国民政部统计,2007年,国内外公众和企业的慈善捐赠款物总额约309亿元。2008年,中国接收国内外各类社会捐赠款物共计1 070亿元,这约是2007年的3.5倍。(杨团,2010)上述实例都明确说明,税收政策对于企业慈善捐赠具有巨大的导向作用。

---

　　① 陈双全:《捐赠不仅是公关》,中国营销传播网,http://www.emkt.com.cn/article/116/11666.html,2003年8月7日。

1.1.3 我国企业慈善捐赠相关税收政策相对不够完善

包括中国在内,世界其他各国的慈善捐赠相关税收政策同样也是政府鼓励慈善捐赠的重要手段。当前,我国企业慈善捐赠的税收政策虽已涵盖所得税、流转税和行为税等税种,但比较美国在对慈善捐赠行为进行精细分类基础上所采取的差异化税收政策(例如抵扣、减免和递延等多种优惠方式并用),以及便捷的捐赠扣除程序,我国在税收政策适用范围、税种设置、捐赠扣除比例和税收管理等诸多方面都需要进一步完善。由此,以在实现政策效用最大化的同时满足企业效用目标为前提,如何进行税收政策的设计,是现阶段推动我国企业慈善捐赠行为亟待解决的现实问题。然而,我国现行的税收政策始终跟不上慈善事业发展的步伐,具有明显的滞后性。因此,分析各种与慈善事业发展有关的税收政策,并进一步提出具有操作性和实践意义的税收优惠政策,具有十分重要的意义。

当然,理论研究一直都与实践发展保持着重要联系,随着企业慈善捐赠行为日益受到关注,相关研究也呈现不断增长的趋势。目前,对企业慈善捐赠行为及其税收政策的研究主要体现在三个方面:

第一,企业慈善捐赠行为的影响。

很多学者认为,企业慈善捐赠行为对企业绩效能够产生正向影响。研究表明,慈善捐赠可以从影响销售和成本两个角度实现企业利润最大化。一方面,慈善捐赠可以提升企业形象,促进产品销售,具有与广告类似的性质(Boatsman et al.,1996;Harvey,2000);另一方面,慈善捐赠有助于降低企业用于保险、安全等方面的费用(Godfrey,2005;钟宏武,2007)。此外,企业慈善捐赠还可帮助企业与政府建立和维持良好的关系,为企业赢得有利的经营环境。(Randolph,1995;Cornwell et al.,2005)也有学者认为,慈善捐赠对于企业绩效的影响是负面的,认为慈善捐赠行为是企业的一种社会投资,当支撑慈善行为的价值观不能与受赠区域价值观一致时,捐赠不仅不能给企业带来正向价值,反而会造成负面影响。(Godfrey,2005;葛道顺,2005)还有人认为,企业捐赠行为短期内会侵蚀利润,降低绩效,而且捐赠风险会在一定程度上降低捐赠收益,从而更难以对企业绩效产生正向影响。(钟宏武,2008)

第二,企业慈善捐赠行为的动机。

学术界对企业慈善捐赠经济动因的研究主要集中在两方面：一是从企业慈善捐赠的收益效果出发，认为企业慈善捐赠是一种企业基于利润最大化的商业行为，包括广告效应、公关动机、税收减免考虑等，其目的是增进股东的利益；二是从委托—代理的角度出发，认为企业慈善捐赠是经理人为了满足自身私利而牺牲股东利益的表现，实质上是一种代理成本。(Navarro,1988；Browna et al.，2006)

第三，企业慈善捐赠的税收政策效应。

Auten et al.(2002)和任浩等(2008)等利用经济学原理分析了税收的价格效应和收入效应，并通过利润最大化模型和效用最大化模型分析了企业所得税对慈善捐赠产生的短期效应和持久效应；黄桂香等(2008)考虑了完全税收优惠和部分税收优惠两种情形，对慈善捐赠的影响进行了分析。这些研究都为实证研究提供了理论依据。很多学者也进行了相关的实证研究；Katarina(2007)通过对时间序列数据的调查和应用，将简单的线性模型或对数模型发展为混合模型、随机效应模型和固定效应模型，并研究了企业慈善捐赠所得税的政策效应；Navarro(1988)及 Auten et al.(2002)就不同税收政策对慈善捐赠产生的影响和作用机理，扣除政策的效率问题，企业慈善捐赠的短期效应与持久效应等进行了较为深入的分析研究；Clotfelter(1990)分析了税收激励对企业慈善捐赠水平的影响，并提出了政策建议；Auten et al.(2002)对慈善捐赠的经济学问题进行了研究，尤其是分析了税收因素对捐赠的影响，将税收价格变量运用到统计学模型中，以测定其对捐赠额度的定量影响。

上述研究从不同理论视角和不同研究层次探讨了企业慈善捐赠行为与税收政策，为企业慈善捐赠行为与税收政策的研究奠定了良好的基础。但以上研究在下列几个方面还有待进一步展开和深化：①税收政策与企业慈善捐赠行为的关联性研究仅限于政策分析，并没有建构系统的研究框架，由此相关政策难以实现协同性和针对性。②有关税收政策对企业慈善行为的影响研究，侧重于税收政策对企业慈善捐赠数量的影响，较少考虑企业慈善捐赠行为的成本和效益，难以兼顾社会效用和企业效用均衡的目标；同时，研究忽略了企业对既定税收政策的理性反应行为。③税收政策应该结合企业慈善捐赠行为的多样性进行差异化制订，因此，在区分企业慈善捐赠行为特征的基础上，研究税收政策对各类捐赠行为的影响是亟须解决的难题。

1.2　相关概念界定

1.2.1　企业慈善行为

Collins(1992)曾这样定义企业慈善行为:"企业慈善行为是一种针对某一事件(或活动)进行的,能给社会带来效益并能为企业带来长远利益的投资活动。"Collins(1994)又为企业慈善行为下了一个较为宽泛的定义,即企业慈善行为是不以获利为目的进行的现金或其他捐赠行为。在我国,杨团等(2003)认为,企业慈善行为是企业向其所在地的社区和一些需要帮助的领域或社会群体提供资金、劳务或实物援助的行为。Roger(2002)提出了企业慈善行为分析矩阵,目的是在如何进行科学的战略慈善捐赠行为方面为管理者提供分析工具。黄靖(2012)认为,企业慈善行为指的是企业利用自有的现金及有价证券、实物或人力等资源,进行的保护或改善社会福利的各项活动。许多人将企业慈善行为等同于企业承担社会责任,Michael(2003)则不以为然,他指出了这两者之间的区别:企业承担社会责任是防御性的行为,目的是防止或减少损失,而企业慈善行为则是企业利用资金或自有的其他资源,为社会创造价值的肯定性质的行为。

1.2.2　企业慈善捐赠

企业慈善捐赠是指企业所得税法中所说的公益性捐赠,它符合《中华人民共和国公益事业捐赠法》规定的向公益事业的捐赠,具体范围包括:救助灾害,救济贫困,扶助残疾人等困难的社会群体和个人的活动;教育、科学、文化、卫生、体育事业;环境保护、社会公共设施建设;促进社会发展和进步的其他社会公共和福利事业。[①] 胡光平(2011)认为,企业慈善捐赠就是企业旨在发展社会公共事业和提高社会整体福利(包括道德获得)

---

① 《中华人民共和国公益事业捐赠法》第三条。

而自愿将企业自有的现金、实物资产等资源无偿地赠送给无直接利益关系的受赠人的行为。黄靖(2012)认为,所谓企业慈善捐赠,是指企业向特定对象进行的,无偿或以低于市场价转移其自有资金或实物资源的行为。这些概念界定都体现了企业慈善捐赠的利他主导性。

1.3 研究思路与技术路线

本书以政策分析—政策评估—政策管理为分析框架,在研究税收政策对企业慈善捐赠行为的影响的基础上,探讨企业慈善捐赠行为的生成机制及优化方法,并结合现有政策实施的实际效果,运用多案例研究与多元回归分析等实证方法,从均衡政策社会效用和企业效用出发,针对税收政策及其管理提出建议。

本书的技术路线见图1-1。

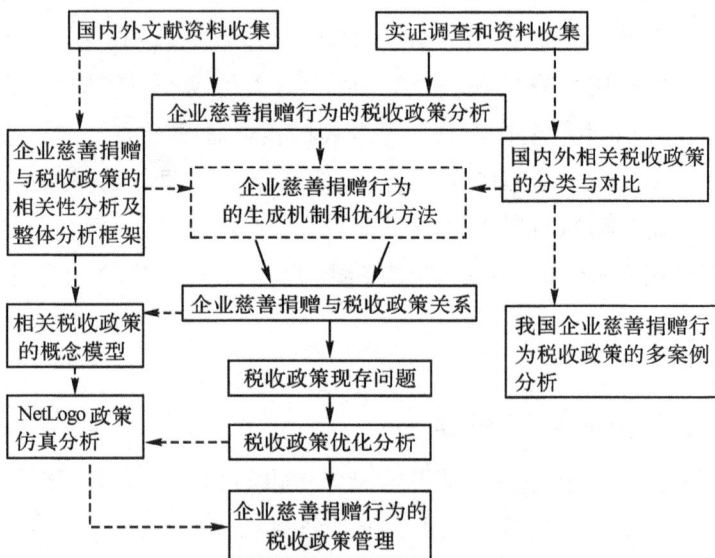

图1-1 研究技术路线

1.4 研究方法

鉴于本书中被研究现象本身难以从其背景中抽象、分离出来的研究

情境,本书共采用了四种研究方法,分别是:

第一,系统思维方法。遵循政策分析—政策评估—政策管理主线,构建政策分析的框架,对企业慈善捐赠的税收政策进行全面系统的分析。

第二,多案例研究方法。剖析所选的案例企业,对企业捐赠数量、方式、途径,以及税收对企业慈善捐赠行为的影响效果等进行全面分析。

第三,大样本的实证研究方法。对企业慈善捐赠行为与税收政策之间的关系,分行业、分性质、分阶段等进行了多因素、多水平的方差分析及多元线性回归分析。

第四,文献分析方法。厘清税收政策的制订、执行,评估整个过程中的经济、政治、社会、文化等环境要素,并研究国外慈善捐赠的税收政策、政策环境及其政策效用。

鉴于方法的复杂性,此部分特别介绍多案例研究方法和大样本的实证研究方法。

1.4.1　多案例研究方法

案例研究是在现象和背景的界限不清晰时,使用多种资料源,调查现实世界中当前现象的一种实证(empirical)的探究。(Yin,2003)案例研究的目的是产生新理论和复证(replication)已有理论,而在复证已有理论的过程中,除了支持已有理论的有效性外,往往能够对已有理论产生一些新的观点,这些观点扩展或者缩小了已有理论的使用范围。(项保华等,2005)案例研究是一种经验性的研究,而不是一种纯理论性的研究。案例研究的意义在于回答"为什么"和"怎么样"的问题。(Stake,2000)

(1)案例研究类型

案例研究既可以对已有理论进行重新验证,又可以通过案例分析产生新的理论,也可以在证明已有理论的过程中产生新的理论。(Yin,2003)根据研究目的的不同,案例研究可以分为探索性、描述性、解释性和评价性四类。(Bassey,1999;孙海法等,2004)各种案例研究方法的主要目的和研究侧重点如表 1-1 所示。

表 1-1　案例研究的类型

案例研究类型	主要研究目的	研究侧重点
探索性案例研究	寻找对事物的新洞察，或尝试以新的观点去评价现象	侧重于提出假设
描述性案例研究	对人、事件或情景的概况做出准确描述	侧重于描述事例
解释性案例研究	对现象或研究发现进行归纳，并最终得出结论，对相关性或因果性的问题进行考察	侧重于理论检验
评价性案例研究	对研究的案例提出自己的意见和看法	侧重于对特定事例做出判断

资料来源：根据孙海法等(2004)的研究整理。

其中，解释性案例研究多用于在已有研究的基础上，对现有理论进行检验和证明。(Shavelson et al. ,2002)鉴于此，本书尝试对相关现象和研究发现进行归纳，并最终得出结论，对税收政策与企业慈善捐赠行为的相关性问题进行考察。

(2)案例研究的步骤

Yin (2003)将案例研究分为五步，即研究设计、为收集数据而准备、收集数据、分析数据和撰写研究报告。其中，案例研究设计的基本模式是：确定要研究的问题，提出理论假设，确定分析单位，形成连接数据与假设的逻辑，解释研究结果的标准。

项保华等(2005)则把案例研究的步骤总结为确定研究问题、理论抽象、收集资料、分析资料、研究结果比较及撰写研究报告，而撰写研究报告是贯穿整个研究始终的。

(3)案例的选择

根据实际研究中运用案例数量的不同，案例研究可以分为单一案例研究和多案例研究。(Eisenhardt,1989；Meredith, 1998)单一案例研究主要用于证实或证伪已有理论假设的某一个方面的问题，它也可以用作分析一个极端的、独特的和罕见的管理情景。通常，单一案例研究不适用于系统构建新的理论框架。(余著,2004)而多案例研究能通过案例的重复支持研究的结论，从而提高研究的效度(Eisenhardt,1989)；能增强研究结果的普适性(Johnston et al. ,1999)；能更全面地反映案例的不同方面，从而形成更完整的理论(陈国权等,2002)。

所以，本书应用多案例研究方法来验证税收政策对企业慈善捐赠行

为的影响,能够增强案例研究的有效性。本书最终选择了5家企业作为探索性案例研究对象,具体选择标准如下:

第一,案例企业限定在经济发达地区,有效降低案例研究的外部变异性。

第二,案例企业慈善捐赠行为较多,在当地具有较高的知名度,企业社会责任认知感较强。

第三,案例企业具有代表性,能反映不同行业、不同规模企业慈善捐赠行为的特点,具有现实研究意义,并且笔者分区域进行了样本企业选取,使案例企业具有一定的全国代表性。

第四,案例企业并非随机选择,为了提高案例研究的信息丰满度,并在合理范围内降低案例研究成本,本书兼顾了信息的可获得性和企业的代表性。

1.4.2　大样本的实证研究方法

(1)方差分析

[简介]方差分析是用于两个及两个以上样本均数差别的显著性检验。由于各种因素的影响,研究所得的数据呈现波动状。造成波动的原因可分成两类:一是不可控的随机因素;二是研究中施加的对结果形成影响的可控因素。此时就要用到方差分析。

方差分析是从观测变量的方差入手,研究诸多控制变量中哪些变量对观测变量有显著影响。本书分别以经济性质、所属行业、产品销售范围及成长阶段等变量对税收政策的反应进行方差分析。

[原理]认为不同处理组的均数间的差别基本来源有两个:①随机误差,如测量误差造成的差异或个体间的差异,称为组内差异。用变量在各组的均值与该组内变量值之偏差平方和的总和表示,记作 SSw,组内自由度 dfw。②实验条件,即不同的处理造成的差异,称为组间差异。用变量在各组的均值与总均值之偏差平方和表示,记作 SSb,组间自由度 dfb。总偏差平方和 $SSt = SSb + SSw$。组内 SSw、组间 SSb 除以各自的自由度(组内 $dfw = n-m$,组间 $dfb = m-1$,其中 n 为样本总数,m 为组数),得到其均方 MSw 和 MSb。此时,一种情况是处理没有作用,即各组样本均来自同一总体,$MSb/MSw \approx 1$。另一种情况是处理确实有作

用,组间均方是误差与不同处理共同导致的结果,即各样本来自不同总体。那么,$MSb \gg MSw$(远远大于)。MSb/MSw 比值构成 F 分布。用 F 值与其临界值比较,推断各样本是否来自相同的总体。

[基本思想]分析研究中不同来源的变异对总变异的贡献大小,从而确定可控因素对研究结果影响力的大小。

(2)多元线性回归分析

[简介]在市场经济活动中,企业经常会遇到某一市场现象的发展和变化取决于几个影响因素的情况,也就是一个因变量和几个自变量有依存关系的情况。有时几个影响因素主次难以区分,或者有的因素虽属次要,但也不能略去其作用。例如,某一商品的销售量既与人口的增长变化有关,也与商品价格变化有关。这时采用一元回归分析预测法进行预测是难以奏效的,需要采用多元回归分析预测法。多元回归分析预测法,是指通过对两个或两个以上的自变量与一个因变量的相关分析,建立预测模型进行预测的方法。当自变量与因变量之间存在线性关系时,称为多元线性回归分析。

[计算模型]一元线性回归分析是用一个主要影响因素作为自变量来解释因变量的变化。在现实问题研究中,因变量的变化往往受几个重要因素的影响,此时就需要用两个或两个以上的影响因素作为自变量来解释因变量的变化,这就是多元回归,亦称多重回归。当多个自变量与因变量之间是线性关系时,所进行的回归分析就是多元线性回归分析。

设 y 为因变量,$x_1,x_2,\cdots,x_k$ 为自变量,并且自变量与因变量之间为线性关系,则多元线性回归模型为:$y=b_0+b_1x_1+b_2x_2+\cdots+b_kx_k+e$。其中,$b_0$ 为常数项,$b_1,b_2,\cdots,b_k$ 为回归系数;b_1 为 $x_2,x_3,\cdots,x_k$ 固定时,x_1 每增加一个单位对 y 的效应,即 x_1 对 y 的偏回归系数;同理,b_2 为 $x_1,x_3,\cdots,x_k$ 固定时,x_2 每增加一个单位对 y 的效应,即 x_2 对 y 的偏回归系数,以此类推;e 为随机量。如果两个自变量 x_1,x_2 同一个因变量 y 呈线性相关,可用二元线性回归模型描述为:$y=b_0+b_1x_1+b_2x_2+e$。

建立多元线性回归模型时,为了保证回归模型具有优良的解释能力和预测效果,应首先注意自变量的选择,其准则是:

第一,自变量对因变量必须有显著的影响,并呈密切的线性相关。

第二,自变量与因变量之间的线性相关必须是真实的,而不是形式上的。

第三,自变量之间应具有一定的互斥性,即自变量之间的相关程度不应高于自变量与因变量之间的相关程度。

第四,自变量应具有完整的统计数据,其预测值容易确定。

第2章　相关理论研究

20 世纪以来,随着市场经济的迅猛发展,全球性的社会结构变迁展现出了一个崭新的潮流和趋势,在原先的政府领域、市场领域的基础上,非营利性的第三领域迅速崛起。这一领域又称为慈善领域,慈善由此成了一项功能领域的社会事业。进入 21 世纪后,在经济繁荣的背后,贫富差距问题成为影响中国和谐社会建设的突出因素。根据世界银行的报告,2013 年中国的基尼指数达到 0.473,已经连续 10 年超过国际公认的警戒线 0.4;至 2013 年底,年收入在 2 300 元以下的贫困人口有 8 200 万,可见,我国的贫富差距十分巨大,需要扶贫救助的人口众多。缩小贫富差距是建立和谐社会的重要组成部分,社会慈善事业的发展对缓解贫困和缩小贫富差距具有十分重要的作用,党的十八大报告中也提出了要发展慈善事业,构建社会主义和谐社会。如何科学地认识慈善事业和积极有效地推进慈善事业的发展,已成为当前社会关注的热点。

2.1　企业公民、企业社会责任与企业慈善捐赠

纯粹的利他性慈善捐赠被视为企业履行社会责任的一种方式,但这并不是唯一一种方式,也不是最主要的方式。[①] 现代企业公民的观念对传统的利他性活动定义进行了延伸,它从相关利益者角度出发,将企业与社会的关系看作是相互依存、不可分割的整体,企业管理者已经不再只是股东利益的代表,还是普通消费者、社区、环境等相关利益人的代表。这种企业管理者将自己看作是共同体的财产管理人或者受托人,他们逐渐放弃了仅从慈善角度向穷人提供帮助的企业慈善捐赠模式,转向考虑所

---

① 马伊里、杨团:《公司与社会公益》,华夏出版社 2002 年版,第 1 页。

有相关利益者利益的新的企业慈善模式。新模式中涉及了对企业责任中的经济责任与非经济责任相关性的认识,企业在"长期、理性的自我利益"的捐赠模式中,将其自身利益与社会利益交织互惠,而不是断开和分离。(James,1999)在工业化社会向后工业社会的转变过程中,完全从道义责任出发的慈善性捐赠动机已经出现下降趋势,而将慈善捐赠行为作为企业社会投资的动机则呈显著上升趋势。

2.1.1　企业公民

自 20 世纪 80 年代开始,人们开始用企业公民来表达企业应当承担社会责任的观念。其主要观点是,企业的成功与否同社会的健康发展与否是密切相关的。企业在获得经济利益的同时,还需要通过各种方式来回报社会。企业从相关利益者角度出发,将自身与社会的关系看作是相互依存、不可分割的整体,企业管理者已经不再只是股东利益的代表,还是普通消费者、社区、环境等相关利益人的代表。这种企业管理者将自己看作是共同体的财产管理人或者受托人,他们逐渐放弃了仅从慈善角度向穷人提供帮助的企业慈善捐赠模式,转向考虑所有相关利益者利益的新的企业慈善模式。对于企业公民的含义,英国的"企业公民公司"(Corporate Citizenship Company)认为有下列四点含义:①企业是社会的一个重要组成部分;②企业是国家公民中的一员;③企业既有权利也有责任;④企业有责任为社会的健康发展做出贡献。在履行这些社会责任的同时,企业可获得很多不同性质的回报。企业需要的是一个全面的策略,充分利用其本身的强项及社会公益机构的专门知识。这就是说,要跟非营利机构建立伙伴关系,以达到商业的目标。它反映了企业、社会、国家之间的相互关系需要重构,才能应对当今这个变化莫测的新的更复杂的世界,让它起到新的社会整合作用。埃尔金顿(2005)认为,所谓"企业公民",就是自觉地把自己归属于社区共同体、社会共同体和人类共同体的企业,在核算成本时,将社会成本、环境成本考虑在内;在计算收益时,将企业收益、社会收益和环境收益同时计算在内;在做投资决策时,将市场、社会和环境的投资回报率计算在内。

可见,企业公民的含义就是把企业看成社会的公民,在企业通过其核心业务为社会提供价值和贡献的同时,还向社会显示出承担社会责任的决心,并做出符合道德及法律规范的行为。在这种观念下,企业自觉地构建起推动社会进步主流价值观的企业价值体系,争当一个有社会责任感的企业公民,并以这个道德或价值为主线,贯穿于企业战略发展规划与日常运营之中,这将有利于企业健康与持久地发展,这也是企业未来的发展趋势。

2.1.2　企业社会责任

"企业社会责任"(Corporate Social Responsibility, CSR)这一词条最早是由英国人 Oliver Sheldon 在考察了美国数家企业之后于 1924 年提出的。被称为"企业社会责任之父"的 Howard R. Bown 在 1953 年出版了《商人的社会责任》一书,他将企业的社会责任定义为"按照社会的目标和价值,向有关政策靠拢、做出相应的决策、采取理想的具体行动的义务"。Johnson(1971)认为,商业中的社会责任是指通过遵守社会规范来追求社会经济目标。企业通过参与社会活动来增加利润,这是一种企业长期利益最大化的观点,效用最大化是企业的主要动力,企业追求的是多个目标而并非单一的利润最大化目标。在此基础上,他指出,有责任的企业管理者不应该仅仅关心自身的利益,同时还要关心其他成员及其所处的社会环境的利益;企业一旦取得了目标利润,它们在社会责任方面也就会表现良好。加拿大多伦多大学的克拉克森(Max B. E. Clarkson)则从员工、股东、顾客、供应商和公共利益相关者这五类利益相关者及企业自身出发,用企业自身和企业需要处理的与利益相关者相关联的 49 个问题来说明企业社会绩效,从而构造出了利益相关者框架。美国佐治亚大学的 Carroll(1979)认为,所谓利益相关者,是指在企业的经营和决策过程中具有权利或利益的集团或个人。与企业具有书面或无书面但事实上存在的契约关系的权利被称为法律索取权(legal claim),如业主、员工或顾客的权利;而与企业不具有契约关系的权利被称为"道德索取权",如企业所在社区的居民的权利。根据这种定义,他将利益相关者分成业主、顾客、员工、社区、竞争对手、供应商、社会激进分子团体和公众这八种类型,并提出,企业对这些利益相关者应当承担的社会责任,是一个由经济责任、法律责任、道德责任和慈善责任等方面所组成的"企业社会责任金字塔"(Pyramid of Corporate Social Responsibility)。其中,经济责任是所有责任的基础;其次是法律责任,即企业必须遵守社会法律,因为法律是判断一种行为是否可以被接受的社会准则;再次是道德责任,即企业有义务正确、公正和公平地对待利益相关者,避免伤害或者最低限度地伤害利益相关者;最后是慈善责任,即企业应当做一个优秀的社会公民,向社会贡献自身的财力和人力,提升人类的生活质量。Carroll(1979)还认为这四项社会责任形成了一个整体,不可偏废。Carroll(1999)注意到,此前关于企业社会责任的定义都提到企业既要获取利润也要遵守法律,他认为一个完整的定义必须包含企业对社会的所有责任。因此,他认为企业社会责任包含某个特定时期内企业经济、法律、伦理上的责任,以及社会对企业的其他期望。企业社会责任是企业自愿承担的有利于经济社会可持续发展的责任,因此,企业慈善行为也应当包含在企业社会责任的含义中。

2.1.3 企业慈善行为

企业慈善行为与企业社会责任是紧密联系的,对这个问题进行的研究存在两种不同的观点。一方面,传统的经济理论认为,企业是一个独立的经济实体,企业管理者的唯一责任是为股东创造尽可能多的利润,如果要求企业承担社会责任,将导致其成本的增加和市场竞争力的降低。哈耶克和弗里德曼(1991)就是这种看法的代表人物。这种传统的企业社会责任观是建立在以下两个假定之上的:一是企业的社会责任与其经济目标不可兼容;二是企业从事社会公益活动的效率非常低。哈耶克认为,企业的主要职责应当是提高效率和赚取利润,以尽可能低的价格提供尽可能多的商品,就是在履行社会责任;否则企业、股东和全社会的利益就会受到损害。弗里德曼(1986)在《资本主义与自由》中也表达了同样的观点:"企业有且只有一个社会责任——在法律和规章制度许可的范围内,利用其资源从事旨在增加其利润的活动,如果管理者接受了企业社会责任观念,而不是尽可能地为股东创造价值,那就几乎没有什么其他倾向能像这样彻底地破坏自由社会的基础了,慈善捐赠活动只能是股东或职员个人的事,而绝不是企业应当承担的。"另一方面,以 Michael(2005)为代表的战略管理学家则认为,从长期来看,社会目标与企业的经济目标并非天生相互矛盾,事实上它们之间存在着紧密的联系:①企业不能独立于社会,企业的竞争力在很大程度上依赖于其所处的竞争环境,如劳动力的素质,基础设施的条件,区域市场的规模和完善程度,以及政府的效率等。企业的慈善捐赠行为常常可以改善企业所处的竞争环境,以改善竞争环境为目的的企业慈善捐赠行为,可以推动企业社会责任和经济目标由冲突走向兼容。②企业的竞争力并非取决于生产要素的数量,而是取决于生产要素的质量。与个人或政府相比,通过利用个人或其他机构所不具备的企业资源和关系网络,企业从事社会慈善活动的效率会更高。

Collins(1993)给企业慈善捐赠行为下了这样一个定义:"企业慈善行为是一种针对一个事件或者活动的经济投资,这种投资首先应该给社会带来好处,但是最终可以给企业带来长远的利益。"这个定义相对较为狭窄。Collins(1994)又下了一个较为宽泛的定义:企业慈善行为是一种企业在与自身没有明确利益关系对象的前提下做出的现金或者其他方面的捐赠行为。在我国,杨团(2006)等人认为,企业慈善捐赠行为是企业向其所在地的社区和一些需要帮助的领域或社会群体提供资金、劳务或实物援助的行为,这是企业承担社会责任的一个重要方面。

Michael(2005)用竞争优势理论对企业的慈善捐赠行为进行分析,形成了独树一帜的战略性企业慈善捐赠行为理论。他认为企业的慈善行为不仅有利于社会,也有利于企业。

Caroil(2003)等人提出了更具可操作性的公益—品牌战略,这是指企业通过公益慈善活动来提升企业的产品品牌形象,其实质是将通常被企业视为承担义务的企业慈善活动转变为对企业具有价值的资产,从而达到社会公益与企业商业目标的双赢。这种方法不仅兼容了社会公益和企业商业目标,而且使得企业的商业目标更加具体、更加直接和切实可行。Roger(2002)认为,企业的慈善行为对股东和社会的各种影响是明确和具体的,管理者需要借助于企业科学决策的分析工具,为此,他提出了企业慈善行为分析矩阵。

所谓企业慈善捐赠(corporate giving/corporate contribution),是指企业将其资源以无偿或低于市场的价格向特定对象进行转移。近年来,企业捐赠在各国慈善事业中的地位变得越来越重要,企业慈善捐赠随之受到越来越多研究者的关注。加里·贝克尔(1993)在分析社会相互作用时指出:"利他主义能够实际增加自身消费效用,而非减少这种消费效用,而且利他主义行为能够增加自我生存的机会。"利润最大化是企业最根本的目标之一，慈善捐赠则可以从影响销售和成本两个角度实现企业利润最大化。一方面，慈善捐赠行为可以提升企业形象，促进产品销售，具有与广告类似的性质（Schwartz，1968；Navarro，1988；Boatsman et al.，1996）；另一方面，慈善捐赠行为有助于改善员工工作环境，降低劳动力成本和企业用于保险、安全等方面的费用（Clotfelter，1985；Navarro，1988）。此外，慈善捐赠活动有助于树立企业正面形象，帮助企业与政府建立和维持良好的关系，为企业赢得有利的经营环境。（Willams et al.，2000；Neiheisel，1994）

2.2　企业慈善捐赠行为的动机和影响因素

2.2.1　企业慈善捐赠行为的动机

亚利桑那学派的市场试验（markets experiments）、个体决策试验（individual decision-making experiments）及博弈试验（game experiments），以及 Daniel et al.（1973，1974，1982）进行的行为判断依赖的自发性（heuristics）及拇指规则（rules of thumb）等大量的心理试验指出，个体的每次行为有可能依据一种习惯或者不完全信息做出实质并非经济的行为。美国经济学教授 William（1998）认为，慈善捐赠的动机主要来自捐款数额给捐款人带来的满足感，而这种满足感包括内心得益和声誉得益两个部分。内心得益就像教徒捐奉那样，因为捐奉而获得内心的平衡或满足。这里的内心得益就是一种宗教动机。姚俭建等（2003）认为，慈善动力来自两个方面：慈善的心灵和利益的驱动。前者是人类善良本性的显现或引发，后者是人们对个人利益的明智选择。他们对企业慈善捐赠动机的解释归纳为如下几种：①利他主义解释。人们之所以会进行慈善捐赠是因为人们受到他人快乐的影响，也就是说，人们会关心他人的收益和幸福等情况。但是利他主义的解释在实践中得不到完全证实，因为如果假设纯利他主义是人们的占优策略，政府对公共物品的供给就会挤出私人的供给；也就是说，如果人们的捐赠是为了提高他人的幸福水平，那么当政府提供了充足的公共物品时，私人就应当减少慈善捐赠行为，即会出现政府公共物品供给对私人慈善捐赠行为的"挤出效应",但是现实及某些实验的结果并不支持这种预期。因此,Andreoni(1993)提出,在公共物品的供给中存在着显著的"光热效应",这是一种非纯利他主义模型。他认为人们的慈善捐赠行为也会给捐赠者带来某些利益,如富人捐钱有很大一部分原因是出于获得名誉和声望的考虑;也就是说,人们进行慈善捐赠的一部分目的是给自己带来利益。Comes et al. (1986)和Steinberg(1987)从公共物品与私人物品联合生产的角度出发来解释自愿捐赠行为,认为人们贡献公共物品的原因是希望同时获得私人效用和公共效用,如人们在慈善商店购买物品既为公益事业捐赠了金钱,同时又得到了私人物品带来的效用。②有条件自愿贡献解释。实验经济学证明,人们在一定条件下会相互合作。Olson(1965)发现,人们有时会为了获得声望、尊敬、友谊或其他社会和心理目的而进行慈善捐赠;Becker(1974)认为,当人们渴望避免被他人瞧不起或希望被社会认可时,慈善捐赠行为会明显地被实施;Kreps(1982)等建立的声誉模型解释了人们为什么会合作而不倾向于"搭便车"。③其他解释。Webster(1975)用社会责任感来解释自愿捐赠行为的发生。所谓社会责任感是指人们做有利于社会的事情,自愿帮助他人而不追求回报的心理。

企业慈善捐赠也可能出自承担"社会责任"的理念,或者是股东利他主义的一种途径——股东通过企业进行慈善捐赠。(Johnson,1966;Schwartz,1968)企业以慈善捐赠的方式自愿承担社会责任,在一定程度上抵消了政府开支下降的影响,这也是要求捐赠在税前扣除的理论依据之一。Porte和Kramer认为,从长期来看,企业的社会责任和经济目标并不冲突,事实上它们是互相联系的。从战略性角度考虑,企业可以利用慈善活动来改善自己的竞争环境,使得其社会责任和经济目标相互统一起来,并使企业的长远业务前景得到改善。Lev et al. (2010)研究发现,企业慈善活动在确定条件下可以促进企业的经济目标。但这并不意味着企业的任何活动都能带来社会效益,也不意味着任何能带来社会效益的活动都能够提高企业的竞争力。只有在企业的活动能同时带来社会效益和产生经济效益的时候,企业慈善活动的社会效益和其自身的经济利益才有可能相互结合;在企业的慈善行为对竞争环境产生影响的区域,企业的慈善活动才真正具有战略性。(Porter,2002)企业利用慈善活动来改善其竞争环境,可以促使企业承担的社会责任和经济目标统一起来,并能使企业的长期业务效果得到改善。通过分析在竞争环境中企业的生产要素、供需状况、竞争环境和相关性产业等要素,企业可以找到能同时实现其社会价值和经济价值,提高自身竞争力或其所在组群竞争力的慈善活动。(Zhang et al.,2010)企业的慈善活动和其所处竞争环境联系得越紧密,其慈善捐赠行为对社会的贡献和获得的竞争优势也就越大。Stephen et al.(2006)提出了企业声誉论,他们认为,企业的慈善行为能够提高企业的声誉。通过对英国大工业企业进行的实例实证分析,他们提出了影响企业声誉的十二个因素。通过对企业慈善捐赠支出和政策进行的研究,他们还发现慈善捐赠额度高的企业拥有更好的声誉;并且通过慈善捐赠,企业能减轻在社会上不负责任行为所带来的后果,从而保护企业的声誉。美国波士顿的科恩通讯企业在 1997 年进行了以企业运用社会公益项目来做市场推广为主题的一项调查,发现美国 76% 的消费者认为,假如价格和品质没有区别,他们会选择一个支持慈善的企业的产品。Campbell et al.(1999),Carroll(1999)和 Sanchez et al.(1987)等学者提出了利他主义论。Andreoni(1990)的研究认为,企业慈善捐赠行为是被潜在的利他主义动机和获得社会公众赞扬的愿望所驱使的。Neiheisel(1994)综合了利他主义和利润最大化的观点,提出了企业捐赠的混合模型(政治企业模型);同时他分析了企业的商业环境和相关的政治气候对企业所产生的影响,提出了企业是为了获得可靠的利润和为了在重大外部公共事件中降低受到处罚的可能而采取公益捐赠行为的。Haley(1991)提出了管理效用论,他认为企业很少因为战略性的、利他的或政治的目的而采取慈善行为,更多的原因是追逐管理效用;他还认为企业慈善捐赠行为能帮助管理人员实现其经营目标。

一些研究人员认识到,企业捐赠可能不是出自股东的利益,而是经理人对慈善捐赠支出有特别的偏好。Arulampalam et al.(1995)分析了企业管理者可能会利用他们的职位来促进慈善捐赠活动,这表现出管理者个人的利他主义倾向。Fry et al.(1982)明确指出了企业慈善捐赠与经理人决策之间的关系。当经理人做出慈善捐赠决策时,他们可以提高自身的社会声望,获得"利他主义"形式的满足等(经理人的"效用最大化")——这与企业所有者的利益并不相干。Navarro(1988)选用企业的资产-权益比例、企业的股利政策、经理人的其他"支出偏好"等指标来衡量经理人控制和代理成本的大小。研究发现,代理成本越大,企业慈善捐赠越多。Adams et al.(1998)运用英国的数据,得到类似的结论。代理成本的大小还跟企业对经理人的监督约束机制相关,一些文献对企业治理机制与慈善捐赠之间的关系进行了研究。Barktus et al.(2002)及Helland et al.(2004)的研究结果表明,企业大股东人数越多,机构持股比例越高,对经理人的监督力度就越大,相应地,企业慈善捐赠越少;企业董事会人数越多,相互协调就越困难,经理人(CEO)往往更容易控制董事会,相应地,企业慈善捐赠越多。Werbel et al.(2008)运用代理理论和经营理论研究了企业经理对慈善捐赠行为的影响,分析了经理人的个人兴趣对慈善捐赠活动的影响程度,并使用160家企业基金会的样本数据对经理人在参加企业基金会时个人兴趣的影响进行了验证,得出的结论是,如果经理人缺席了基金会会议,那么他个人兴趣对企业慈善捐赠行为的影响就会减少但并不能完全消除。Campbell对企业慈善捐赠行为和决策者的社会意识间的关系进行了论证,认为两者的关系密切,企业决策者的意识对企业是否进行慈善捐赠起着十分重要的作用;研究还揭示了有慈善捐赠历史的企业经常采用利他主义动机来解释其捐赠行为,而没有慈善捐赠历史的企业往往会用商业原因来解释为什么不进行慈善捐赠。Charles et al.(2002)对企业慈善捐赠的经济学问题进行了深入研究,分析了收入和税收因素对企业慈善捐赠的影响;并且将收入和价格变量运用到统计学模型中,来测定它们对慈善捐赠额度的定量影响。伦敦基准集团(London Benchmarking Group)把企业慈善行为的动机分成以下几种:第一是促进社会公益。第二是对企业和社区都有利。从对企业有益的社区活动中保护和促进企业的长远利益。第三是有利于企业的商业目标。如为达到广泛的商业目的,提升品牌知名度,获得营销、人力资源和研究预算的支持而进行的商业性计划等。Grahn et al.(1987)以慈善行为与营销的相关性来说明企业慈善行为的动机,包括了非营销目的、营销目的或两者兼有的目的。Marx(1999)以266家企业为对象对企业的慈善行为进行了实证研究,结果发现,企业慈善行为的动机是多元化的,排列次序分别为:提升社区的生活品质,提升企业形象,改善社区服务方案,促进族群和谐,获得正面的媒体报道,提高员工的忠诚度,增进员工的福利与健康,吸引人才,扩大产品的市场占有率,发展新的市场,增加产品销售量,减少政府管制及节税等。

  归纳起来,企业的慈善捐赠行为动机有以下几个方面:第一是服务社会和他人。Cowton(1987)和 Campbell et al.(1999)认为,企业的慈善捐赠行为主要是受以下几个方面原因的影响:行使良好的公民权利、不求任何回报的捐赠和追求公共福利最大化。Andreoni(1990)的研究表明,企业慈善捐赠行为是被利他主义动机和赢得公众赞扬的愿望所驱使的。第二是提高管理效用。Haley(1991)通过研究认为,企业慈善捐赠行为很少是因为利他的或政治的目的而产生的,更多的是追逐管理效用所导致的;他还认为,企业的慈善捐赠行为可以帮助企业实现管理人员所希望达到的目标。第三是提升企业的声誉。Brammer et al.(2005)在总结了其他学者的观点的基础上提出,企业慈善捐赠活动的动机是提升企业声誉。他们认为,慈善捐赠额高的企业拥有更好的声誉,企业现金捐赠能比职工志愿服务产生更好的声誉效果,企业为提高效果应当采取更多的现金慈善捐赠方式。第四是促进销售。Masher(1984)通过对美国企业1972年至1982年的税前盈余额与企业慈善捐赠金额的比较,发现企业的利润呈现降低的趋势,而赞助的金额却提高了;他认为企业赞助公益活动显然已不再仅仅是慈善行为,而是一种促进营销手段。Galaskiewicz(1985)将企业公益活动的动机分成三种类型,排在第一位的是营销的动机,即企业为了提升消费者对企业的好感,促进其产品的销售,会有选择性地从事慈善公益活动。第五是减轻同业竞争的压力。Galaskiewicz 认为,为了应对同业竞争压力,企业会被动地参与社会慈善活动,以避免在消费者心中留下不关心社会的负面印象。第六是减税。Galaskiewicz 认为,企业进行慈善赞助活动,是为了享受税收优惠政策。第七是促进公共关系。Dali et al.(2006)通过对中国2 870个民营企业家的调查发现,民营企业家在20世纪90年代热衷于向政府的福利事业进行捐赠,以此来获得他们的政治地位并树立社会形象。

  已有文献对企业慈善捐赠行为的经济动因的研究,主要集中在两个大的方面。一是从企业慈善捐赠的收益效果出发,认为企业慈善捐赠是一种企业基于利润最大化的商业行为,其目的是增进股东的利益。影响的具体渠道包括广告效应(Navarro,1988;Fry,1982;Levy et al.,

1978)、公关动机(Baron,2001；Brown,2006)、税收减免考虑(Johnson, 1966)等。二是从委托代理的角度出发,认为企业慈善捐赠是经理人为了满足自身私利而牺牲股东利益的表现,实质上是一种代理成本。(Atkinson et al.,1988；Wang,1996；Brown et al.,2006)

2.2.2　企业慈善捐赠的影响因素

很多学者通过实证研究发现,影响企业慈善行为的因素很多,包括企业的财务状况、相关税收政策、所属行业、广告、企业规模、高层管理者的特征(如价值观、权限、股权数、民族等属性)及董事会结构、共同体同态现象等,这些因素影响着企业的慈善捐赠决策和行为(如是否捐赠、捐赠多少)。不同研究者由于采集样本的标准不同,选取的指标不同,在对影响因素的研究中得出的结论并不完全一致。

(1)企业财务状况

美国的 *Strategic Management* 杂志在 1997 年就企业的社会公益业绩和营业成绩做了深入调查,有 469 家来自不同行业的企业参加了调查,结果表明:资产回报率和企业的社会公益成绩有非常显著的正向相互关系;销售回报率和企业的社会公益成绩有显著的正向相互关系;投资回报率和企业的社会公益成绩有正向的但是并不显著的相互关系。Johnson(1966)调查研究了产业结构和经营业绩对企业慈善捐赠行为的影响,得出的结论为,税前利润是企业决定慈善捐赠行为的最重要的因素。Leclair et al.(2000)的实证分析也得出了同样的结论。Helland et al. 的研究发现,债务对企业慈善捐赠行为的影响是负面的,如债权人有效控制的、高负债率的企业很少进行现金捐赠,并且也很少成立企业基金会。田雪莹等(2012)研究发现,企业负债率越高,企业越吝啬,较低的负债率会提高企业慈善捐赠的水平。但一些研究认为,企业的慈善捐赠水平与财务表现并无很强的相关性,如 Griffin et al.(1997)研究了 6 家化工企业,发现它们的慈善捐赠行为与财务状况并不相关,并认为是一些其他内部因素决定了企业慈善捐赠行为的水平。Seifert et al.(2003)对 130 家企业的慈善捐赠行为和财务状况进行了实证研究,结果表明,企业慈善捐赠行为与其财务状况并不相关,但与企业可利用的资源——现金流有一定的正相关性。

（2）相关税收政策

Pamela et al.（2001）分析了税收激励对慈善捐赠行为的影响，提出了一些建议，如改变边际税率结构、允许纳税人通过慈善捐赠利用标准抵扣额、减少应纳税收入和取消不动产税等。Clotfelter（1985）分析了税收对慈善捐赠的影响，他将税收价格变量运用到统计学模型中来测定其对慈善捐赠额度的影响程度。

（3）所属行业

Useem（1988）认为，与公众接触较多的行业如保险、零售、旅馆业的慈善捐赠水平要高于采矿、建筑等与公众接触较少的行业。Stephen et al.（2006）对英国 FTSE 指数中的 650 只样本股进行了研究，取得了 334 家公司的数据，并以此为依据分析了企业的组织透明度、行业性质等因素对企业慈善捐赠支出的影响程度。他发现，组织的透明度与企业慈善捐赠支出是正相关的关系，组织透明度和企业规模对企业慈善捐赠的影响程度相近，行业性质对企业的慈善捐赠行为有重要影响，资源型行业中的企业慈善捐赠额要多于基础性行业中的企业。Campbell et al.（2006）认为，社会公众对公司的感知程度（public visibility）是影响企业慈善捐赠行为水平高低的重要因素。

（4）广告

Schwartz（1968）和 Levy et al.（1979）论证了企业慈善捐赠和广告支出之间的关系。Navarro（1988），Boatsman et al.（1996），Fry et al.（1982）和 Levy et al.（1978）认为，慈善捐赠可以提升企业形象，促进产品销售，具有与广告类似的性质。山立威等（2008）用"5·12"地震后我国 A 股上市公司的数据进行分析，发现公司慈善捐赠行为存在提高声誉以获得广告效应的经济动机。

（5）企业规模

Kedia et al.（1981）对美国得克萨斯州的银行业进行实证研究，结果表明企业慈善行为与企业规模大小无关。但 Mcelroy et al.（1985）认为，企业规模与企业慈善捐赠行为水平有正相关性。Matin（1985）对加拿大企业的调研发现，大企业进行慈善捐赠行为的概率较高，而小企业的捐赠力度（捐赠金额占税前收入的比例）要大于大企业。

（6）企业高层管理者的特征及董事会结构

高层管理者的价值观、兴趣、股权集中程度和民族性等因素会对企业的慈善捐赠行为产生影响。Lerner et al.（1994）通过对财富 500 强中 220 家企业 CEO 的调查发现，企业的慈善捐赠行为与 CEO 个人价值观有正相关性。Campbell et al.（1999）对决策者的个人态度与企业慈善捐赠行为的关系进行的研究表明两者之间有密切关系，富有同情心的高层管理者会促使企业更积极地参与慈善事业。Werbel et al. 通过 160 家企业基金会的样本数据研究了 CEO 影响企业慈善捐赠行为的问题。Atkinson et al.（1988）研究发现，当股权集中的企业对 CEO 的监督力度较大时 CEO 的权限较小，企业的慈善捐赠也会变少。Thompson et al.（1993）研究了少数民族成员对企业慈善捐赠行为的积极作用。他们向 500 家小企业的法人代表发放调查问卷并收回有效问卷 169 份，发现少数民族企业家更热衷于企业慈善事业，并促使将更多的资金捐向了宗教组织。Wang et al.（1992）以财富 500 强中的 78 家企业为样本，通过实证调查研究了董事会结构与企业慈善捐赠行为之间的关系，研究发现，当董事会中内部董事越多，女性和少数民族成员越多时，企业的慈善捐赠行为就会越多。Helland et al.（2004）用代理成本理论来解释企业慈善捐赠行为，他们的研究发现，企业董事们召开较大型的会议和企业较多的现金慈善捐赠及成立企业基金会的关系是正相关的，而董事会的组成成分对企业慈善捐赠没有重大影响；债务会影响企业减少慈善捐赠行为；被债权人高度控制的、高负债率的企业很少进行现金捐赠，并且也很少成立企业基金会。LaBarge et al.（2014）就心理账户对慈善捐赠的影响进行研究发现，两者具有显著的关系，并且心理账户是可塑造的。

（7）共同体同态现象

Marquis et al.（2007）等人提出共同体同态现象的概念，即企业的社会行为（如现金捐赠、友爱捐赠、志愿服务等）和它所处的共同体中其他企业社会的行为有趋同现象，共同体内部的企业会相互影响和模仿。Du et al.（2013）发现企业所处区域的企业性质对慈善捐赠行为有显著的影响。

2.3 企业慈善捐赠相关税收政策效应的研究

随着经济的发展,企业参与社会经济活动的广度和深度日益提高,对于慈善捐赠的税收政策效应的研究也在不断丰富和发展。在理论研究方面,一些学者分析了税收的价格效应和收入效应,他们通过利润最大化模型和效用最大化模型来分析企业所得税对企业慈善捐赠行为产生的短期效应和持久效应,这也为实证研究提供了理论依据。在实证研究方面,笔者通过对时间序列数据调查的应用,实现了由简单线性模型或对数模型发展到基于混合模型、随机效应模型和固定效应模型的研究。由于不同学者在不同时期所依据的理论,选用的数据类型、数据来源,采用的研究方法不同,因而得出的结论也有所不同。还有一些人从不同的税式支出政策出发,对社会慈善捐赠产生的影响、作用机理、扣除政策的效率问题和企业慈善捐赠的短期效应与持久效应等方面进行了较为深入的分析研究。

2.3.1 税收优惠方式的理论依据

很多国家都允许企业对慈善捐赠进行税前扣除,即允许企业在扣除一定数量的公益性和救济性捐赠之后再按照法律规定计算并缴纳所得税,这是税收政策对企业慈善捐赠的主要影响方式。对于企业慈善捐赠的税前扣除,又有全额扣除和部分扣除两种方法。多数国家允许对慈善捐赠额进行税前扣除,另外有少数国家不允许慈善捐赠在税前扣除。(胡俊坤,2001)企业慈善捐赠可以进行税前扣除的理论依据主要有如下三种:

(1)税收横向公平的要求

这种观点认为,准确计算应纳税所得额是保证税收横向公平的前提条件,而要准确计算应纳税所得额就应当允许企业对慈善捐赠进行税前扣除,因为在企业的财产捐出之后,企业就放弃了对这部分财产的使用和收益权利,即企业对该部分财产不再具有实际控制能力,不能享有该部分财产带来的经济利益,因此企业就不应当为此项目缴税,在计算其实际应纳税所得额时,这部分慈善捐赠额不构成企业纳税能力的一部分,因而应当从其应税所得中扣除出去,这样才能确保处于相同经济条件下的企业承担相同的税收负担。一般来说,学者都倾向于对所得税课税项目做广义上的理解,以确保所得税能广泛地适用于所有有支付能力的纳税人,但人们对应纳税所得额的理解有很大差异。如 Robert(1921)认为,应纳税所得额是包含"两个时间点之间某经济力量的净增长的金钱价值"。而 Henry(1938)则认为,应纳税所得额应当包含对社会稀缺资源的广泛的控制力,这应当包括以下两类:一是消费权利的市场价值;二是期始末财产权的价值变化。由于对所得税、应纳税所得额概念认识的不同,理论上对于哪些支出可以进行税前扣除、哪些支出不能进行税前扣除的认识存在分歧;一般认为,非自由裁量的支出应当作为合理费用在税前扣除,而自由裁量性的支出不能在税前扣除。基于这种认识,一些人认为慈善捐赠与基本生存费用,抚养或扶养家庭成员的必要支出及必要的医疗支出不同,本质上慈善捐赠是纳税人的自由裁量支出,和其他不能扣除的费用支出是一样的。但 Boris(1971)则认为,慈善捐赠虽代表了一种高度的优先权,但在计算纳税人能够自由处置的财产时不应将捐赠财产包含进去。

(2)慈善捐赠可在税前扣除是鼓励社会慷慨行为的一种手段

这种观点将慈善捐赠视为一种利他主义行为,对慈善捐赠进行税前扣除是对这种行为的奖励,即通过税收优惠的方式给予支持。如 Boris(1971)认为,对慈善捐赠的税前扣除是为了奖励无私行为,即使这种奖励不会产生激励的作用。Richard(2005)也认为,对慈善捐赠的税前扣除政策是对慈善行为的奖励。我国也有学者认为,慈善捐赠税前扣除的税收政策为社会风气的优化创造了更广阔的前景,它通过政府代表社会对企业捐助的社会意义给予肯定,鼓励了企业的公益意识。(杨团,2002)

也有一些观点认为,通过金钱的方式来奖励利他主义行为与这一美德的初衷是相违背的,这"腐蚀了捐赠所具有的正直性和利他性""表达了降低纳税人税收的自私目的"。(Bromley,1988)John(2001)认为,对慈善捐赠提供金钱奖励,会抑制那些出自内心善意而进行捐赠的人的慈善捐赠行为,也会助长从利他行为中获取个人利益的倾向。

(3)慈善捐赠可以在税前扣除是国家资助公益事业的一种方式

这种观点认为,对于企业的慈善捐赠可进行税前扣除政策,不是国家对公益组织的直接资助,而是国家间接资助公益组织的一种方式。慈善捐赠是企业的一项社会投资,允许慈善捐赠的税前扣除将导致国家税收收入减少,这实质上是国家财政收入的间接支出。这种支出将降低企业慈善捐赠的成本,必然会促进慈善捐赠行为的发生,从而提高社会慈善捐赠的总量。通过税收优惠来刺激慈善捐赠行为,提高慈善捐赠总额度,是为公益事业提供的一种间接的国家资助。

国家资助公益事业可以采取直接方式(国家直接向公益组织提供财政支持),也可以采取税收优惠这样的间接方式(通过对公益组织的各项行为和收入减免税收,以及对社会向公益组织的捐赠行为减免税收等税收优惠措施),来向公益组织提供支持。与国家的直接资助方式相比,间接资助方式相对缺乏效率,也较难满足政府支出的合理性、可控性、责任性及透明性的要求,但这种方式仍然被很多国家采用,其原因在于,这是促进私人财产为公共目的使用及社会公益多元化目标的实现的一种有效方法。对企业慈善捐赠采取税收激励,一方面降低了企业慈善捐赠的成本,另一方面促进了私人财产为公共目的的使用;同时,间接资助使得社会个体能够自由选择他们希望资助的公益事业和公益行为,而不必经过政治团体的允许和控制,这样可以促进社会公益多元化和创新性的实现。(贾明等,2010)因此,尽管这种间接方式存在一定的缺陷,但基于更广泛的政策基础仍然被很多国家所采用。(刘亚莉,2007)

2.3.2 税收与企业慈善捐赠之间的关系

慈善捐赠可以在企业缴纳所得税前进行扣除的政策使得慈善捐赠取得了类似成本的地位,相应减少了企业应缴纳的所得税。

研究税收与企业慈善捐赠之间的关系具有两方面意义:一是研究慈善捐赠的税收价格弹性,可以更好地认识税率变动对慈善捐赠的影响;二是如果慈善捐赠与税率的变化存在某种联系,则说明企业慈善捐赠存在"利润最大化"以外的其他动机。(Boatsman et al.,1996)

对慈善捐赠的研究,国外最早出现在 20 世纪 60 年代,且研究视角比较广泛,包括社会学、经济学、心理学、政治学、伦理学和法学等。从总体上来说,这些研究主要集中在"慈善捐赠的动机""影响慈善捐赠的因素""政府支出的排他性效果"等方面。

税收对企业慈善捐赠影响的研究是从 Schwartz(1968)开始的,他运用加总时间序列数据考察了慈善捐赠的价格弹性和收入弹性,研究结果表明,在不同的模型设定下,企业慈善捐赠的价格弹性在-2.0~-1.06之间,收入弹性在0.53~1.34之间。Nelson(1970)、Levy et al.(1980)和Clotfelter(1985)等人的研究得出了类似的结论,说明税率确实对企业慈善捐赠的数量产生影响。Reece(1979)就税收对慈善捐赠的影响因素与慈善捐赠额度的关系所做的研究显示,税收因素是影响卫生和其他福利组织所获捐赠额度的重要决定变量,税收与慈善捐赠存在完全替代关系;相比之下,宗教组织获得的慈善捐赠额要高于相应捐赠所导致的税收收入减少额,这可能说明宗教信仰所引致的慈善捐赠对税收的影响考虑得较少。Navarro(1988)采用横截面模型的研究表明,随着税率的提高,慈善捐赠的数额会下降,但是这种关系并不显著。Boatsman et al.(1996)采用面板数据(panel data)进行研究,克服了时间序列数据和横截面数据的某些局限。由于他们的数据范围(1984—1988年)包含了1986年美国税制改革阶段,因而可以考察同一个企业面对不同税率时的慈善捐赠变化情况,研究结果表明,税率提高会导致慈善捐赠额下降。对此,他们的解释是慈善捐赠减少了企业净利润,做出慈善捐赠决策的经理人受到了最低利润水平的约束,慈善捐赠价格变化的"收入效应"超过了"替代效应"。之后,Carroll et al.(2005)的横截面研究与传统的时间序列研究的结果类似,即慈善捐赠的价格弹性为负并且显著。

但部分研究也得到了相反的结论。如Randolph(1995)通过收入和税收对慈善捐赠数量的影响的研究发现,在税收政策和收入发生长期性改变的条件下,慈善捐赠额对税收政策缺乏弹性,而对收入具有充分弹性,即从长期来看,慈善捐赠对税收不敏感;在税收政策和收入发生短期改变的条件下,慈善捐赠额对收入缺乏弹性,对税收政策则具有充分弹性,即从短期来看,慈善捐赠对收入不敏感而对税收敏感。Burlingame et al.(1996)提出了企业公益赞助的架构光谱图,认为大多数企业的社会公益行为带有自利性。

2.3.3　政府支出与企业捐赠之间的关系

Mcelroy et al.(1984)研究企业规模与慈善捐赠关系的论文,涉及了地方政府用于社会服务的支出,然而,相关变量之间的关系并不显著。

Navarro(1988)认为,良好的环境会降低企业的运营成本,而企业慈善捐赠和政府相关支出都可以改善企业所处的环境。因此,政府支出可以看作企业慈善捐赠的替代品,政府支出水平会影响企业慈善捐赠的数额。而 Day et al.(2004)对加拿大的实证研究表明,企业慈善捐赠与政府支出正相关:政府支出挤入了企业的慈善捐赠,两者是互补品。他们认为,一个可能的解释是,接受慈善捐赠、提供公共服务的慈善机构,同时也严重依赖于政府的直接资助或者依赖于政府提供的公共产品。

2.4 企业慈善捐赠相关所得税政策效应的研究

2.4.1 理论研究

Clotfelter(1985)采用利润最大化模型和效用最大化模型,从短期效应和持久效应两个方面进行了研究。根据其利润最大化模型,在慈善捐赠对企业的产出和利润的影响是跨时期的情形下,利润最大化的实现取决于不同时期边际税率的大小。

在效用最大化模型假设下,假设企业管理者的效用取决于企业慈善捐赠和税后利润,此时企业管理者只消费两种"商品"——税后利润和企业慈善捐赠,管理者将会因为慈善捐赠而放弃一部分利润,企业慈善捐赠被赋予特定的价值。此时,由于慈善捐赠的存在,为了考察税收激励对慈善捐赠的影响,假设 G,N 分别代表慈善捐赠额和净利润,效用函数为 $U(G,N)$,r 为产品价格,Q 为销量,X 为其他投入变量的数量,s 为 X 的价格,慈善捐赠的税前扣除可导致企业的税后利润变为:$(1-t)[rQ(X,G)-sX-G]$,因此效用为:$U\{G,(1-t)[rQ(X,G)-sX-G]\}$。

设 U_g,U_n 分别代表企业慈善捐赠和税后利润的边际效用,效用最大化的一阶条件为:$U_g+U_n(1-t)[rQ'(G)-1]=0$ 或 $U_g/U_n=(1-t)[1-rQ'(G)]$,这说明税前扣除政策对慈善捐赠会产生影响。

由上述可知,当企业管理者对慈善捐赠具有偏好时,企业所得税税率的上升有可能会增加企业的慈善捐赠额。

2.4.2 实证研究

对企业慈善捐赠所得税政策效应的早期实证研究,主要是采用线性或对数模型和加总时间序列数据进行的。Maas et al.(2011)的研究发现,企业慈善捐赠的影响在欧洲和北美更易被测量。Schwartz(1968)采用美国国内收入局 C 股份公司从 1936 年到 1961 年之间的加总时间序列数据,以平均慈善捐赠额为因变量,以平均税率、税后收入和其他变量构建的税收价格为自变量进行了回归分析,研究结果表明,慈善捐赠的价格弹性在-2.0~-1.06 之间,收入弹性在 0.53~1.34 之间。Nelson 和 Clotfelter 等人也进行了相似的研究,前者利用对边际税率的综合衡量,得到的价格弹性在-1.18~-1.03 之间,收入弹性在 1.15~1.43 之间;后者采用 1936 年到 1980 年的加总时间序列数据分析,得到的价格弹性在-1.81~-0.2 之间,收入弹性在 0.59~1.14 之间,其中他所倾向的价格弹性是-0.4。以往的研究均运用加总时间序列数据,这使得宏观估计与微观估计的结果不一致,一些研究人员通过采用对企业的调查数据来克服加总时间序列数据的缺陷。Navarro 运用横截面模型,采用美国议会统计的 249 家企业在 1976 年到 1982 年间的数据,分析了影响企业慈善捐赠的因素;同时他使用可观察的有效税率而不是边际税率,运用最小二乘法进行估计,发现税收政策并不能有效地促进慈善捐赠额的提高。Boatsman et al.(1996)采用公共管理机构统计的 212 个有慈善捐赠的企业在 1984 至 1988 年的面板数据(这克服了时间序列与横截面数据的局限性,且由于选取数据的年度跨越了美国两次税制改革,因而可以考察同一企业面对不同税率时的慈善捐赠额的变化情况),分别用横截面和时间序列混合模型、随机效应模型和固定效应模型进行了估计,研究结果表明,慈善捐赠价格变化的收入效应(边际税率提高引起的税后收入下降所带来的慈善捐赠额的减少)超过了替代效应(边际税率提高引起的慈善捐赠价格下降所带来的慈善捐赠额的增加),企业慈善捐赠额与其边际税率呈负相关关系,即税率的提高会引起企业慈善捐赠额的减少。Katarina(2007)对捷克 2001—2003 年间 577 户大中型企业和斯洛伐克 2001—2004 年间 152 户企业的数据,采用面板数据分析方法研究,结果表明,税率对于企业的慈善捐赠决策有明显的影响,尤其是在斯洛伐克

2003—2004年间税率发生变动时,影响更大些。

2.5 我国对企业慈善捐赠行为与政策关系的研究及存在的问题

目前,我国对企业慈善捐赠行为与政策关系的相关研究,跟国外相比还有着很大的差距,在政策的制订方面也有进一步改善的必要。

2.5.1 对企业慈善行为的法理学研究

企业慈善捐赠行为会涉及许多法律问题。张怡超(2006)分析了企业慈善捐赠中涉及的几对利益冲突,如股东利益与企业利益的冲突,股东利益与董事利益的冲突,企业利益与社会利益的冲突,企业利益与政府利益的冲突,并探讨了利益平衡机制的构建。张莉等(2004)从法律激励和约束的角度对企业慈善捐赠的法律问题进行了分析,指出慈善捐赠是企业应当承担的社会责任。刘敏(2004)从企业本身的内部制度和外部相关法律规定等方面,研究了完善企业慈善捐赠行为的约束机制的方法。他认为,为了充分保障股东的权益,法律应当赋予股东一定的诉权,这样才能对不合理的企业慈善捐赠行为进行法律救济。吴勇敏等(2001)分析了慈善捐赠行为的法律性质、法理内涵、法律效力及对慈善捐赠人利益的法律弥补方法。他们为慈善捐赠法律制度的建立提供了有益的素材;他们指出,慈善捐赠合同除涉及作为合同主体的捐赠人和受赠人外,还涉及受益人这一慈善捐赠的合同关系人,合同客体和内容的特殊性反映了此类行为的社会慈善性目的;慈善捐赠行为的法律含义决定了它与信托、第三人利益契约和代理法律关系存在着差异,通过比较分析,他们得出慈善捐赠是一种附义务的赠予合同的结论。古小东(2003)对企业慈善捐赠行为的价值基础及理论与现实问题做了分析,得出应当在《公司法》中将企业慈善捐赠的一些具体问题加以明确规制的结论,这将强化对企业行为的管理。

2.5.2 对企业慈善捐赠会计处理与纳税问题的研究

针对企业慈善捐赠的具体业务问题,我国学者从不同角度研究分析了企业慈善捐赠业务的会计处理与纳税调整方法。金未(2005)、钟骏华等(2004)从现行会计制度和税法对企业慈善捐赠规定的差异分析出发，从对外捐赠和接受捐赠两个角度，分别探讨了慈善捐赠的日常会计处理、纳税调整及所得税的核算方法。彭海颖(2004)对不同途径、不同对象的慈善捐赠、现金捐赠与实物捐赠等的纳税筹划问题进行了分析讨论。柴重光等(2004)运用例证法对企业慈善捐赠行为的所得税会计处理业务进行了分析，认为由于我国目前税法与会计制度相分离，如何准确理解税法、准确履行纳税义务就显得格外重要。茹长云(2001)探讨了在企业公益、救济性捐赠支出的扣除标准中存在的问题，提出了规范企业慈善捐赠支出扣除标准的措施。靳东升(2004)探讨对比了国际上对慈善捐赠的四种不同税收政策：减免、抵免、受益方案和指定方案。所谓减免是指减少应纳所得税的数额；抵免是指减少纳税人的应纳税所得额，我国对企业向非政府组织捐赠采取税收抵免的办法比较成功，不足之处是通过指定的机构捐赠和税收抵免限额较低，这在一定程度上限制了企业和个人向非政府组织捐赠的积极性。卢汉龙(2002)对企业慈善捐赠的社会行为进行了分析。庄梅兰(2006)从慈善捐赠的决策驱动、捐赠结构、捐赠效果三方面论述了中外企业慈善捐赠模式的差异及造成差异的原因，提出应当通过大力倡导企业公民理念、运用税收减免政策、规范发展慈善机构等措施来转变企业慈善捐赠的模式。

2.5.3 对税收政策影响企业慈善捐赠行为的经济学分析

Su et al.(2010)研究发现，企业慈善捐赠与企业经济利益存在正相关关系。马小勇等(2001)仿效经济学中的消费理论建立数学模型，分析了个体慈善行为的影响因素和激励措施。黄桂香(2008)分完全税收优惠和部分税收优惠两种情形对慈善捐赠的影响进行了分析。一是完全税收优惠，指税法对捐赠支出进行全额扣减，税法提供的这种扣减实际上改变了所捐赠财富的价格：它使个人或企业所捐赠的每 1 元财富的价格从 1 元变为$(1-t)$元。其中，t 是纳税人的边际税收。完全税收优惠会鼓励捐赠者进行更多的慈善捐赠。二是部分税收优惠。国家对捐赠支出的一部分实行免税，对另一部分照常征税。对慈善捐赠征税实际上也改变了这部分捐赠财富的价格：它使个人或企业所捐赠的这部分财富的价格从

1 元变为 $(1+t)$ 元。其中, t 是纳税人的边际税收。部分税收优惠对不同的捐赠者会产生不同的影响:对吝啬或不富裕者不会产生什么影响;而对乐善好施者会产生抑制作用,使他们减少自己的慈善捐赠额。任浩等 (2008)仿效经济学中的消费理论建立了一个数学模型,分析了慈善这种特殊商品的需求,发现价格、收入与偏好是影响慈善捐赠需求的三个最重要的因素,同时根据上述模型给出了一些建议。

2.5.4　我国的实证研究

黄国良(2012)采用消费者行为理论、社会判断理论,对高雄发展文教基金会进行了个案分析研究,并对非营利组织捐助者的认知行为倾向进行了分析。田雪莹等(2009)运用因子分析和统计描述方法对上海 87 家企业的慈善捐赠行为从动机、结构和管理三个方面进行了实证研究。黄营杉等(2005)通过对台湾高科技电子产业个案的研究发现,企业捐赠公益事业行为的内部原因主要是顺应世界潮流,丰富企业文化,提升企业形象与维护公共关系,获得社区与社会认同的要求,提升企业的知名度,增强员工向心力,促进整体商业环境的良性发展,提升国民生活品质,体现对国家的热爱和节税等;外部原因主要是企业伦理、社会责任、支持公益团体等。葛道顺(2003)对北京地区企业慈善捐赠的理念和行为动机进行了实证研究,调查发现,企业慈善捐赠的动机主要是承担社会责任,追求市场开拓与企业形象的共赢,传承文化传统,回报社会,与政府及社会建立沟通,等等。何汇江(2006)从捐赠者的慈善意识、捐赠者的财富基础、社会的文化氛围及优惠的税收政策等几个方面解释了捐赠的行为动机。中国社会科学院社会政策研究中心调查了 15 家跨国企业 2002—2003 年的慈善捐赠行为,并抽取同样数量的中国企业作为对照组,针对中外企业慈善捐赠的动因、指向和管理进行了初步的分析,认为跨国企业的慈善捐赠主要受企业主体意识驱动,并指向关系利益人群体,且慈善捐赠管理较为完善。《中国企业家》杂志社在 2005 年对 334 家国内企业、142 家跨国公司共计 476 家企业发出调查问卷,回收有效问卷 39 份,对这 39 家企业的问卷进行分析后发现,大部分国内企业倾向于在有政府动员和劝捐的情况下实施慈善捐赠,方向上以扶贫和救灾为主;而跨国企业多为有计划的慈善捐赠,方向上以教育科研为主。国内企业慈善捐赠运作尚不成熟,慈善捐赠效果低于预期。厦门大学曹洪彬(2006)通过研究认为,不考虑其他因素,企业适用的所得税税率越高,慈善捐赠数额就越多;税法对慈善捐赠税前扣除的规定越严格,企业捐赠数额就越少。许婷(2008)以我国 2006 年上市公司慈善排行榜上的公司为样本,从公司特征与治理结构两方面检验了上市公司慈善捐赠的影响因素。陈宏辉等(2010)以利益相关者理论为基础,通过对广东省民营企业 273 份有效问卷的实证分析,发现企业形象、企业慈善决策机制、企业规模大小和企业所处的生命周期阶段对民营企业是否进行慈善捐赠有显著影响。

2.5.5 我国企业慈善捐赠相关税收优惠制度中存在的问题

对企业慈善捐赠进行税收激励是税式支出的一种方式,为了促进和实现公共目的及社会公益目标的多元化,通过税收制度的设计来影响企业的行为,有助于促使企业目标与社会目标的统一。但我国对企业捐赠的税收优惠制度尚未完全实现上述目的,其问题突出表现在如下几个方面:

(1)税收优惠制度对企业捐赠的影响程度不够

企业既可以采取间接捐赠的方式即通过公益性组织实施捐赠(将善款捐赠给公益性组织),也可以采取直接捐赠的方式(不将善款捐赠给公益性组织而是直接捐助给某些公益性项目、设施和活动等)进行慈善捐赠。税收优惠制度对企业捐赠的影响程度不够,主要表现在:①政策的实际作用无法体现出来。根据"企业捐赠行为和理念研究"课题组在 2000 年对我国企业捐赠公益情况的调查结果(杨团等,2000),至少有 1/3 (34.7%)的企业的公益捐赠途径不符合免税资格,因此企业也就无法享受相应的可以在税前扣除的待遇。②企业对捐赠免税的政策并不十分关注。一般而言,企业认同税收减免政策对企业捐赠事业的积极引导作用,但有相当部分的企业对捐赠可以享受的税收政策并不清楚,或者认为捐赠是"行善积德""慈悲为怀""乐善好施"的行为,有无税收优惠都不会影响他们的捐赠决策。

(2)实物捐赠不能享受到税收政策

在发生突发性自然灾难如洪水、地震、海啸或者如"非典"等流行性疾病时,社会往往需要企业紧急捐赠各种救灾物资,而目前我国的税收法律中还没有企业捐赠实物用于慈善公益事业时在所得税方面可以享受的具体优惠规定,只是在某些特定情况下做出了允许企业捐赠的实物可在税前扣除的规定。如在《财政部、国家税务总局关于纳税人向防治非典型肺炎事业捐赠税前扣除问题的通知》(财税〔2003〕106 号)中规定,企业、个人等社会力量向各级政府民政、卫生部门,以及通过中国红十字会总会、中华慈善总会捐赠用于防治"非典"的现金和实物,允许在缴纳所得税前全额扣除,疫情解除后规定停止执行。也就是说,如果企业向慈善机构捐赠实物,在现行的法律规定下一般不能享受税收优惠待遇;相反,《增值税暂行条例》还要求企业对无偿赠送他人的货物做视同销售处理来计算并缴纳增值税。

(3)具有税收减免资格的非营利性组织数量较少

《中华人民共和国公益事业捐赠法》和相关税收法规规定,只有公益性、救济性的捐赠,捐赠的对象必须是我国税法规定可以接受捐赠的社会团体,才允许在法定的限额内做税前扣除。目前,国家税务总局发文承认的我国有资格接受捐赠的社会团体数量仅 20 多家,这个数字与国外相比差距十分巨大,因此日常发生的大批量、小金额、社区性的捐赠难以获得减免税凭证,这对企业的慈善捐赠活动和社会募捐行为产生了制约作用。

(4)企业捐赠活动的财务处理方式不规范

中国社科院 2000 年 2 月对企业的调查显示,在 1999 年度有捐赠行为的 335 家企业中只有 75 家企业在税前列支,占有捐赠行为企业总数的22.4%;而其中百分之百都在税前列支的,仅有 47 家,占有捐赠行为企业总数的 14.0%;其余的入账方法五花八门,如以"工会经费""福利基金开支""营业外支出""企业帮困基金""费用开支"等方式列支的占了21.9%;还有 18.21%的企业在"广告费"项目下列支捐赠款项。

2.6 小 结

综上所述,可以看出,不同学者的研究指出了企业慈善捐赠行为与政策之间存在一定的关系,但并没有给出很好的度量方法,研究中存在的主要问题是:①缺乏系统的理论模型和研究框架;②缺乏中国企业的实证研究。国外对企业慈善捐赠行为与国家政策影响的研究在理论与实践上尚有断层,此外,由于各个国家的法律制度存在较大差异(如欧美国家的税法及亚洲国家的税法并不一致),各个国家税收法律制度的不同及企业自身传统观念的差别使得税收的影响程度在不同国家和地区之间存在明显的差异。在理论设定上,不同国家需要有不同的假定,而我国的情况与国外相比存在较大的差异,欧美发达国家以所得税为主体税种,流转税为补充税种,在税收份额上个人所得税为主要税种。我国目前仍然是以所得税和流转税为双主体税种;所得税方面以企业所得税为主,个人所得税份额很小。在政府行为的作用方面,中外差异也较大,我国政府对企业的政策导向影响比较大,国外则是小政府大市场。本书将依托于我国相关政策制度下建立的税收政策与企业慈善捐赠行为的关系模型,深入探讨各种情形下企业与政府相关的行为轨迹,为提高和改善企业与政府行为的效益提供建议。

第 3 章　企业慈善捐赠行为与税收政策

3.1　我国企业慈善捐赠行为的现状

随着我国经济的迅速增长,我国慈善事业也在迅速发展之中。根据《中国慈善发展报告(2012)》的相关统计数据,2007 年至 2011 年间,我国慈善捐赠总额总体上呈增长趋势,其中 2008 年和 2010 年的高度增长是和当年重大自然灾害有关。具体数据如表 3-1 所示。

表 3-1　我国 2007 年至 2011 年慈善捐赠总额变化

年份	2007	2008	2009	2010	2011
捐赠总额(亿元)	309	1 070(321)	630	1 031.75	845
环比增长	—	246%(3.9%)	−41.1%(96.3%)	63.8%	−18.1%

数据整理自:《中国慈善发展报告(2012)》。2008 年的慈善捐赠总额中有 70% 的捐赠是针对汶川地区的,括号中的 321 亿元是指剔除了汶川地震捐赠之后的常规性捐赠,3.9% 是对应的比例。

据《中国慈善发展报告(2013)》数据,从捐赠主体等来看,2012 年的慈善捐赠[①]中,企业慈善捐赠为最主要的捐赠力量,其次是个人慈善捐赠及其他主体的慈善捐赠。在企业慈善捐赠当中,又包括民营企业慈善捐赠,国有企业慈善捐赠,港澳台企业慈善捐赠,外资、合资企业慈善捐赠,其中民营企业慈善捐赠占比最大。各捐赠主体分别捐赠的数额及比例如图 3-1 所示。

上述捐赠主体中以企业为主要的捐赠来源,其中又以民营企业的捐

---

① 包括政府、社会组织、人民团体和事业单位等捐赠主体的捐赠。

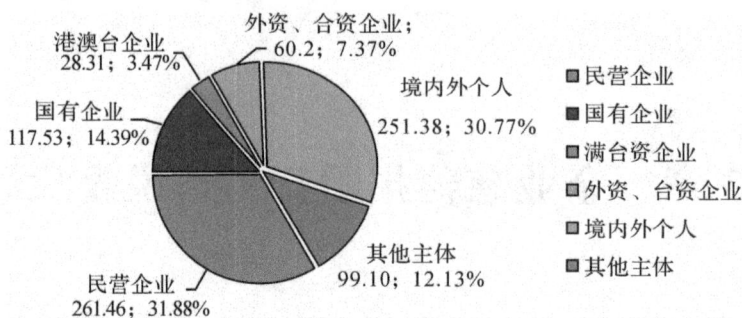

图 3-1　2012 年我国慈善捐赠主体分布（亿元）

数据整理自：《中国慈善发展报告（2013）》。

赠为主①，占所有企业捐赠的 31.88％。在以个人为主体的捐赠中，企业经营者或所有者的捐赠最多，约 282.17 亿元，占个人捐赠总额的 90.34％。

3.1.1　慈善组织发展状况

慈善组织是促进我国慈善事业发展的关键推动力量之一，慈善组织的快速发展将会促进我国慈善事业的发展。近年来，我国各类慈善组织的数量都在快速增长，但是增长的比例却在逐年下降，表 3-2 反映的是我国从 2005 年至 2010 年期间，在民政部登记的所有社会组织及基金会的数量及增长速度的变化情况。

表 3-2　我国 2005 年至 2010 年社会组织及基金会的变化情况

类型	2005 年	2006 年	2007 年	2008 年	2009 年	2010 年
社会组织数量（万家）	32	35.4	38.7	41.4	43.1	44.5
社会组织环比变化	—	10.62％	9.32％	6.97％	4.11％	3.25％
基金会数量（家）	975	1 144	1 340	1 597	1 843	2 200
基金会环比变化	—	17.33％	17.13％	19.19％	15.40％	19.37％

数据整理自：《中国慈善发展报告（2012）》。

---

① 据《中国慈善发展报告（2010）》对 2009 年企业慈善捐赠行为的分析，民营企业无论从公益主动性还是捐赠数额上，都相对处于领先地位。（杨团，2010）由此可见，民营企业慈善捐赠是我国慈善捐赠最重要的来源，对我国慈善事业的发展功不可没。

由表 3-2 可知,我国各类社会组织数量在逐年增长,但是增长的幅度在逐年下降;而我国各类基金会数量则保持着较高速的增长,并且增长幅度有逐年上升的总体趋势。虽然我国具有如此之多的各类社会组织,但是我国企业对所有这些组织的慈善捐赠并不是都能够进行税前抵扣的。迄今为止,我国能够出具具有免税资格的捐赠发票的慈善组织不多,这也就造成了多数社会组织尤其是公益性社会组织的资金不足。据邓国胜《中国 NGO 问卷调查的初步分析》一文,中国社团面临的主要问题类调查中,缺乏资金问题以 41.40% 的比例位居世界第一。(陈秀峰等,2011)资金是这些公益性捐赠组织等各类组织得以存活并发展的"源头活水",因缺乏资金而引致的生存问题势必对各类社会组织造成两种结果——要么死亡,要么为了生存违法募捐。正是因为越来越多的公益性组织存在生存危机,"骗捐门""诈捐门"频现报端。这类丑闻的出现对于公益性组织的公信力造成很大的负面影响,对我国慈善事业发展非常不利。

3.1.2　慈善捐赠流向分布

我国慈善机构的发展起步较晚,各领域慈善事业还没能够均衡发展。据《中国慈善发展报告(2013)》统计,我国慈善捐赠主要分布于教育、扶贫两个领域,社会各界对医疗卫生及人类服务[①]领域的捐赠数额相对较少。图 3-2 反映的是我国 2012 年慈善捐赠在各领域的分布比例状况。

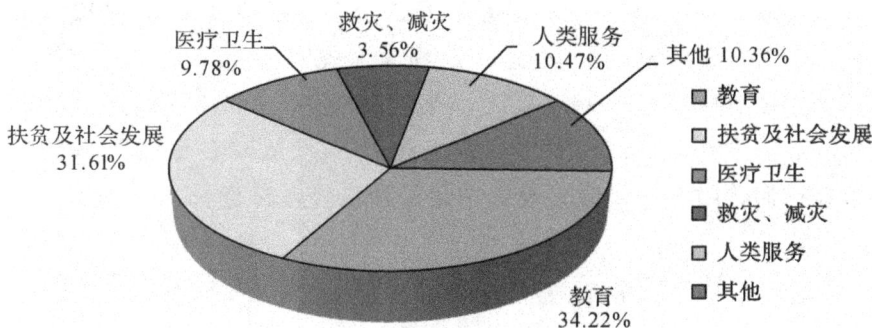

图 3-2　2012 年我国慈善捐赠在不同领域的分布比例

数据整理自:《中国慈善发展报告(2013)》。

---

① 人类服务包含老人服务、残疾人服务、妇女服务和儿童服务等。

　　由图 3-2 可知,我国慈善捐赠主要还是集中于教育及扶贫等传统的慈善领域,这种发展趋势不利于我国慈善事业的全方位发展,也不利于资金流向更多需要的领域。国家应该高度重视此状况,适时出台政策引导捐赠资金流向多个慈善领域,扶持多种慈善事业的发展。

　　以下,笔者将对各类慈善机构接受的捐赠情况进行比较分析,表 3-3 反映的是 2010 年及 2011 年我国不同慈善系统吸收慈善捐赠的金额及其变化情况。

表 3-3　2010 年及 2011 年我国各类慈善系统吸收慈善捐赠情况

项目		各类基金会	各级慈善会	各级民政部门	各级红十字会系统	其他机构
2010 年	募资数量(亿元)	340.51	242.55	192.21	67.29	189.19
	占全国比重	33.00%	23.51%	18.63%	6.52%	18.34%
2011 年	募资数量(亿元)	337.00	203.89	111.12	28.67	164.32
	占全国比重	39.88%	24.13%	13.15%	3.39%	19.45%
	相比 2010年的变化	−1.03%	−15.94%	−42.19%	−57.39%	−13.15%

数据整理自:《2011 年度慈善捐助报告》。

　　表 3-3 的统计数据表明,我国吸收慈善捐赠的主要部门还是各类基金会及各级慈善会;但各级民政系统及红十字会系统吸收到的捐赠,相对来说出现了异常明显的下滑,这一定程度上表明社会各界对这两个系统的信任程度有所下降。近年来,"郭美美事件"等丑闻让各级红十字会系统面临着非常严重的信任危机。鉴于此,尽快实施对各级红十字会系统及公益性慈善组织的规范化及透明化管理也势在必行。

3.2　与企业慈善捐赠行为相关的税收政策

　　企业慈善捐赠行为的税收政策是指对企业慈善捐赠进行税收减免的法律规定,即对企业向社会公益事业提供的慈善捐赠所享受的税收减免的对象和比例所做出的规定。对企业慈善捐赠实施税前扣除的理论依据可以概括为以下几种:①税收横向公平的要求和体现。企业的财产在捐出后,企业就放弃了对这部分财产使用和收益的权利,因此就不应当再对这部分财产征税。②支持公益行为的体现。对慈善捐赠进行税前扣除有助于鼓励社会主体实施慈善行为。③资助公益事业的方式。国家通过税收优惠来刺激慈善捐赠行为,随之减少的税收收入是为公益事业提供的一种间接的国家资助。

3.2.1 相关政策的境外国家和地区间对比

不同国家和地区对企业慈善捐赠的优惠政策有很多相似之处,现代西方国家,尤其是西欧和北美国家,已经形成了较为完善的慈善捐赠体系,这离不开税收手段的鼓励和支持。国际上对慈善捐赠的税收优惠政策主要有以下几种:①减免,指减少纳税人应纳税所得额。美国、德国、荷兰、比利时和韩国等国采用减免政策法。②受益方案和指定方案,指纳税人把自身的应纳税额变相支付给指定受益组织。匈牙利、罗马尼亚等国采用纳税受益法。③抵免,指减少应缴税额。目前,世界上多数国家实行对企业的慈善捐赠进行税前扣除的政策,即允许企业在扣除一定量的公益性和救济性捐赠之后再按照法律规定计算缴纳企业所得税,这是企业慈善捐赠的税收优惠的主要表现形式。企业慈善捐赠的税前扣除可分为全额扣除和部分扣除两种方法:一些国家,如新西兰等国,允许纳税人在计算缴纳所得税时,将所发生的慈善捐赠作为费用全额扣除;而其他大多数国家采取在税收法律法规中规定慈善捐赠税前扣除比率的方法,允许部分扣除。在部分扣除中,按准许扣除限额计算依据的不同又可以分成两种情况:一是以慈善捐赠额为计算依据,如捷克、韩国、丹麦及哥伦比亚等国家选择以慈善捐赠额作为计算扣除额的依据;二是选择以应纳税所得额的特定比率作为计算依据,如加拿大、美国等对慈善捐赠扣除的限制规定为捐赠人收入的特定比率,我国也采取这种模式。除了多数国家允许慈善捐赠税前扣除外,还有少数国家不允许捐赠的税前扣除,如意大利等国。

(1)美国的慈善捐赠税收政策

美国在1917年制定了捐赠扣除的政策,此后不断发展,其对捐赠者的鼓励力度较大,优惠措施主要表现为扣除范围较广泛、扣除比例较高、允许扣除的捐赠形式较多等。美国对企业慈善捐赠的税收抵扣的方法和限额等进行了立法规定:美国联邦税法《国内收入法典》(下称《法典》)第501C条明确规定,企业只有向合法的公益性慈善组织进行慈善捐赠才能享受税收扣除等优惠政策。

上述合法的公益性慈善组织是指符合美国有关法律规定的下面五类组织:

第一类组织,按照联邦、州和哥伦比亚特区及美国其他属地法律,为下列一个或多个目的设立的社区福利基金、公司、信托、基金和基金会组织:①宗教目的;②慈善目的;③教育目的;④科学目的;⑤文学目的;⑥为预防对小孩和动物的虐待目的。此外,为促进全民和国际业余体育竞技而设立的非政府组织也有资格。

第二类组织,退伍军人组织。包括美国的退伍军人分会、退伍辅助机构、信托公司和基金会等。

第三类组织,按照寄居制度运作的国内友善团体、宗教团体和协会。向这类组织的捐赠必须只为以下目的单独使用:宗教,慈善,教育,科学,文学,防止对小孩和动物的虐待。

第四类组织,某些非营利公墓公司。但用于特殊地块照料、陵墓地下室的除外。

第五类组织,履行政府实质职能的联邦、州、哥伦比亚特区或美国其他属地的政治分区、印第安部落政府和其分区的政府实体。向这类组织的捐赠必须是只用于公共目的的。

在企业慈善捐赠的税收扣除限额上,《法典》规定:公司慈善捐赠的最高扣除额为企业当年应纳税所得额的10%,这里所说的应纳税所得额是没有扣除以前年度亏损、资本亏损、利息支出及慈善捐赠支出之前的企业利润。如果企业当年捐赠支出超过应纳税所得额的10%,超过的部分允许向前5个纳税年度进行结转,而且向前结转的慈善捐赠额优先进行税收扣除,依次结转。同时还规定了企业总的慈善捐赠扣除额不得超过企业应纳税所得额的50%。

上述所称的慈善捐赠不仅包括现金捐赠,还可以是实物捐赠或有价证券等财产捐赠,但是在对现金、实物及有价证券等财产捐赠的价格计量上,美国税法有不同的规定。现金捐赠以捐赠时的实际价值进行计量;实物捐赠以捐赠物在捐赠时的公平市场价值计量;对于产生资本利得的财物可按其公允市场价格进行税前扣除,进行的扣除不能超过企业应纳税所得额的30%。

在捐赠的抵扣程序上,美国税法也有所规定,具体操作的方法也简单易行。它规定纳税人只需要在年底的报税单上附上慈善机构的抵税发票即可进行税收抵扣。

(2)英国的慈善捐赠税收政策

英国涉及企业慈善捐赠的主要税种有所得税或公司税、增值税等。英国在2000年对关于慈善捐赠的税收政策进行了修订,制定了更便民和有效的激励政策。下面,笔者将介绍英国2000年以前和2000年修订之后与企业慈善捐赠有关的税收政策。

在慈善捐赠方面,英国《资本利得税》第257款规定,向慈善团体捐赠的财产免缴资本利得税。在2000年3月捐赠修订案出台之前,只有按照以下规定向慈善团体捐赠,作为捐赠主体的公司才可以在应纳税收入中进行税前全额扣除:一是公司在“货物资助”项下有一笔不少于250英镑的捐赠[①];二是至少与公益性慈善组织有持续3年的协议捐赠[②];三是公司雇员一年的捐赠款要在1200英镑以下[③]。

2000年,英国《财政法案》对这些规定进行了修改,废除了上述协议中对货物资助和雇员捐赠的数额限制,并对货物捐赠做出了新的规定。其中,与企业捐赠扣除有关的新的货物捐赠规定不再要求公司至少与慈善组织有持续3年的协议捐赠;包括企业所有的捐赠,即包括2000年3月31日以后的协议捐赠;如果捐赠人是企业,可以将向慈善团体捐赠的全部款项从应纳税所得中扣除。

这次《财政法案》修订之后,企业捐赠与个人捐赠的重要区别是:第一,企业捐赠人不需要对捐赠额扣除所得税的基础税率;第二,慈善团体也不能从企业捐赠中获得税收返还;第三,企业捐赠人也不需要向税务部门提供货物资助的申报文件。

此次修订扩大了优惠范围,个人或公司对慈善团体的赞助也可以进

---

① 该项规定见:英国1990年《财政法案》第25款。
② 该项规定见:英国的《公司税税法》第339款,所得税法第347款A(2)(b)。
③ 该项规定见:英国的《收入和公司税法》第202款。

行扣除。也就是说,即使一笔赞助完全是为了给公司产品做广告,即存在公司的商业目的,只要赞助的金额是一个合理的商业价格,无论该赞助是不是为了某一慈善活动都可以从成本中扣除。如果该项赞助额超过了广告的商业价格,超过的部分可以视为慈善捐赠。另外,该财政修订法案对向慈善团体捐赠的股票和债券也做了新的规定,即在现行资本利得税减免的基础上,个人或企业将股票和证券捐赠或以低价转让给慈善团体,政府将主要以抵扣的形式提供税收优惠。抵扣数额包括:捐赠的市场价格;该股票或债券相关的处置成本(如经纪人费用);低于该项捐赠的任何报酬或其他利益。企业捐赠人可以要求在捐赠发生的纳税年度内从总收入中扣除相关的捐赠。[①]

(3)德国的慈善捐赠税收政策

在德国,各种从事公益性事业的法人等团体均可以享受一定的税收特惠。但是德国的公司税条例规定,只有位于德国境内并且受德国公司税法管辖的企业等团体,才能提出税收特惠要求。与此同时,这些团体要得到税收特惠,它们从事的活动必须与《会计法则》规定的下述目的有关:一是社会公益目的;二是慈善目的;三是与教会相关的目的。

德国的《公司税法》规定,法人向慈善团体的捐赠可以依法要求税收减免,在缴纳公司所得税时按一定比例进行税前扣除,但是捐赠者必须要求接受捐赠的组织提供可扣除税款的证明。现行的捐赠税前扣除规定如下:

第一,用于教会相关目的、慈善目的和社会公益目的的捐款,最高可以扣除全部应纳税所得额的 5%,或者扣除全部营业额的 2%;其个人支出可以全部扣除。

第二,对于受到特别支持的慈善、科学、文化艺术目的的捐款,其扣除额度可以再增加全部应纳税所得额的 5%。

第三,向享受税收特惠的基金会捐款,最高扣除额为 20 450 欧元。

第四,企业或个人在基金会成立之时对其进行投资的,总额不超过307 000 欧元的部分,可以在今后 7 年内摊销。

在公司或个人对公益性团体进行赞助时,德国税收法律规定,捐赠人

---

① 该项规定见:英国 2000 年《新财政法案》第 43 款。

在对公益性受赠人捐赠时,不能以换取赞助商地位或接受受赠人相关服务等为目的。捐赠人以此为目的而产生的支出如果属于经营性支出,不得从应纳税所得额中扣除。

(4)日本的慈善捐赠税收政策

日本是一个以企业捐赠为主体的国家,因此在税收扣除方面给予企业比较多的税收优惠,并认为企业的慈善捐赠比纳税作用更大。

日本有关税法规定,公司或个人向公共利益法人提供的符合条件的捐赠,在某些情况下可以享受不同程度的税前扣除,但是能否获得税前扣除最终需要由财政部决定。具体规定如下:

第一,对政府及由财政大臣指定的具有较强公益性的组织进行的捐赠(指定捐赠),可以在税前进行全额扣除。

第二,对特定公益组织的捐赠及一般捐赠实行限额扣除,其中扣除限额等于捐赠公司应纳税所得额的 1.25％加上已纳税资本的 0.125％。

以上所称的"特定公益组织"主要有:综合研究开发机构(NIRA)、日本基金会、红十字会、国际交流协会、学校法人和社会福利法人等 26 个与政府保持着紧密联系的法人。① 除此之外,依照《民法》成立的公共利益法人经财政部认可,也可以列在限额扣除的范围之内。据悉,目前共有约900 个公共利益法人已经取得这一资格。

(5)韩国的慈善捐赠税收政策

企业慈善捐赠的固定减免率是 7％。韩国税法允许的公益性、救济性的捐赠分为法定捐赠和指定捐赠两种,两者扣除范围不一样:①法定捐赠。向政府机构和地方政府无偿捐赠的财物,为国防和战时救济的捐赠,救济灾民所捐的财物和向政治党派的捐赠都属于法定捐赠。法定捐赠的扣除额限于从应纳税所得额减去以前年度亏损后的范围之内。②指定捐赠。包括向公众利益实体、社会福利组织及宗教组织的捐赠,为学术研究、技术发展和运动技能发展提供的捐赠和奖学金,非营利性企业将其从事营利业务的收入向非营利业务拨付的捐赠,向按私立学校法案建立的私立学校提供的捐赠。指定捐赠的扣除额不得超过扣除以前年度亏损和法定捐赠额后的应纳税所得额的 5％。

---

① 该规定见:日本《所得税法》第 78 条第(2)—[2]款。

(6)中国台湾的慈善捐赠税收政策

在企业慈善捐赠的税收政策方面,我国台湾有关所得税方面的规定指出:企业营利事业对教育、文化、公益、慈善机构或团体的捐赠总额,可以进行不同程度的限额扣除。具体的扣除规定包括:

第一,对军队和各级政府的捐赠,对中小企业发展基金的捐赠及财政部门专案核准的捐赠,不受金额限制,可全额扣除。

第二,对所有公职人员候选人竞选经费的捐赠,在税前扣除的最高限额为 30 万元新台币。

第三,对依法设立政党的捐赠,扣除限额不得超过应纳税所得额的 10%,并且其最高扣除总额不得超过 300 万元新台币。

第四,其他的慈善捐赠,其捐赠扣除额不得超过应纳税所得额的 10%。

第五,凡是企业通过财团法人、兴学基金会向私立学校的捐赠,可以享受更高的 25% 扣除比例。捐赠可以是现金捐赠,也可以是实物捐赠,都能得到税前扣除。

除此之外,相关规定还要求允许在税前扣除的捐赠必须取得合法凭证,连续亏损 3 年以上的营利企事业单位,不得捐赠竞选经费。(江希和,2007)

(7)中国香港的慈善捐赠税收政策

香港特区是个特别重视慈善捐赠的城市,其与慈善捐赠有关的税收优惠政策散见于各种规定之中。首先,在慈善事业的定义上,香港的《属公共性质的慈善机构及信托团体的税务指南》规定,所谓慈善事业是指救助贫困、促进教育、推广宗教及其他有益于香港社会而具慈善性质的事业,如救助贫困人士、特殊灾害中的受害者、病者和身体及智能残缺者;设立或营办非营利学校、教堂、属公共性质的宗教机构;提供奖学金、特定学科的交流、防止虐畜、保护环境或郊区等事业。(吴勇敏等,2001)

在企业慈善捐赠扣除比例上,香港有关税务事宜的规定中说明,企业在一个会计年度内,捐赠给符合规定的机构的款项[①]只要累计总额不少

---

① 是指符合《税务条例》第 88 条的规定,获豁免缴税的属公共性质的慈善机构或慈善信托做慈善用途的款项,或指捐赠给政府做慈善用途的款项。

于100元的,可以在计算缴纳所得税时予以扣除,扣除总额最高可达应评税利润的35%。但是上述所指的捐赠只包括现金捐赠,任何实物捐赠或有价财物的捐赠均不能加以抵扣。①

在印花税上,香港相关规定中说明,属于馈赠的不动产转让或香港股票的转让,如果是由享有实际权益的人士或登记物主捐赠给属公共性质的慈善机构或信托团体,或以信托方式付给属公共性质的慈善机构或信托团体的,免予缴纳印花税。

(8)对上述企业慈善捐赠税收政策的评述

总结上述不同国家和地区与企业慈善捐赠有关的税收规定,笔者发现,这些国家及地区具有下面几个共同的特点:

第一,这些国家和地区的企业慈善捐赠优惠政策都是以法规的形式明确地进行确定,使慈善捐赠行为有较权威且相对明确的保障工具,与此同时,捐赠人的税收优惠参考依据也相对清楚明了。

第二,这些国家和地区的企业慈善捐赠优惠政策所规定的税收抵扣比例相对较高,多数国家和地区的超额捐赠还可以进行向前结转递延抵扣,极大地鼓励企业进行大额捐赠。

第三,这些国家和地区的企业慈善捐赠优惠政策都是在动态改进过程中,最终的目的都是促进企业进行慈善捐赠,促进国家和地区公益事业的发展。

第四,这些国家和地区的企业慈善捐赠优惠政策基本上没有对捐赠方式进行过多限制,现金捐赠、实物捐赠及有价证券捐赠,都能得到税前合理抵扣,捐赠方式多样,增强了企业捐赠的积极性。

第五,这些国家和地区的企业慈善捐赠优惠政策均倾向于鼓励间接捐赠,并允许多个公益性慈善机构具有抵扣资格,使捐赠人具有多种捐赠选择,有利于促进多领域的慈善事业发展。

3.2.2　我国企业慈善捐赠的相关税收政策

我国企业慈善捐赠的相关税收政策较为庞杂,分为收益税类、流转税

---

①　香港税务部门下发的《税务条例释义及执行指引第37号——认可慈善捐款》有所规定。

类、行为税类和财产税类优惠改革等。

(1)收益税类的优惠政策

我国于 2008 年 1 月 1 日起实施了新的《中华人民共和国企业所得税法》(下称新《企业所得税法》),其第九条规定,企业发生的公益性捐赠支出,在年度利润总额 12% 以内的部分,准予在计算应纳税所得额时扣除。相比修订之前的《企业所得税法》,新《企业所得税法》在与企业捐赠有关的抵扣比例、内外资企业的税前抵扣等方面做出了重要的调整。

在新《企业所得税法》颁布实施前,我国内、外资企业的公益性捐赠有着区别性的所得税激励政策,具体见表 3-4 所示。

表 3-4　我国内、外资企业的公益性捐赠所得税激励政策

捐赠行为	旧的文件或法规规定(2008 年新《企业所得税法》颁布之前的法规及文件)		现行的相关政策规定	
	法律或文件依据	具体抵扣规定	法律或文件依据	具体抵扣规定
金融、保险企业用于公益、救济性①的捐赠	财税字〔1994〕027号(现已失效)	低于企业当年应纳税所得额 1.5% 以内可列入营业外支出,准予扣除;超过部分在计算缴纳企业所得税时进行调整	新《企业所得税法》	在年度利润总额 12% 以内的部分,准予在计算应纳税所得额时扣除(2008-01-01 起)
纳税人(金融、保险业除外)用于公益、救济性的捐赠	《中华人民共和国企业所得税暂行条例》第六条第二款(四)(现已失效)	在年度应纳税所得额 3% 以内的部分,准予扣除		
企业等通过公益性社会团体、县级以上人民政府及其部门向汶川、玉树受灾地区的捐赠	—	—	国发〔2008〕21、〔2010〕16;财税〔2010〕59(2010-04-14—2012-12-31)	允许在当年征收所得税前全额扣除

① 《中华人民共和国企业所得税暂行条例实施细则》第十二条规定:公益、救济性的捐赠,是指纳税人通过中国境内非营利的社会团体、国家机关向教育、民政等公益事业和遭受自然灾害地区、贫困地区的捐赠。前款所称的社会团体,包括中国青少年发展基金会、希望工程基金会、宋庆龄基金会、减灾委员会、中国红十字会、中国残疾人联合会、中国老年基金会、老区促进会及经民政部门批准成立的其他非营利的公益性组织。

续 表

捐赠行为	旧的文件或法规规定（2008年新《企业所得税法》颁布之前的法规及文件）		现行的相关政策规定	
	法律或文件依据	具体抵扣规定	法律或文件依据	具体抵扣规定
通过国家批准成立的非营利性的公益组织或国家机关对宣传文化事业①的公益性捐赠	财税〔2007〕24号	在其年度应纳税所得额10%以内的部分，准予扣除（2006-01-01—2010-12-31）	沿用财税〔2007〕24号	规定有效，沿用以前政策
通过中国境内非营利性的社会团体、国家机关向科普单位②的捐赠	财税〔2007〕24号；财税〔2003〕55号	在年度应纳税所得额的10%以内的部分，准予扣除	沿用财税〔2007〕24号；财税〔2003〕55号	规定有效，沿用以前政策
企事业单位通过政府部门或非营利组织对中等职业学校学生的捐赠③	财教〔2006〕74号	准予在缴纳企业所得税前全额扣除	沿用财教〔2006〕74号	规定有效，沿用以前政策
纳税人向中国老龄事业发展基金会等21家基金会④的公益性捐赠	财税〔2006〕66，67，68号；财税〔2004〕172号；财税〔2003〕204号	准予在缴纳所得税前全额扣除（分别从各政策颁布当年的1月1日起执行）	沿用财税〔2006〕66，67，68号；财税〔2004〕172号；财税〔2003〕204号	规定有效，沿用以前政策

① 财税〔2007〕24号规定，宣传文化事业的公益性捐赠，其范围为：第一，对国家重点交响乐团、芭蕾舞团、歌剧团、京剧团和其他民族艺术表演团体的捐赠；第二，对公益性的图书馆、博物馆、科技馆、美术馆和革命历史纪念馆的捐赠；第三，对重点文物保护单位的捐赠；第四，对文化行政管理部门所属的非生产经营性的文化馆或群众艺术馆接受的社会公益性活动、项目和文化设施等方面的捐赠。

② 所述科普单位，是指按照国科发改字〔2003〕416号的有关规定认定的科技馆，自然博物馆，对公众开放的天文馆（台、站）、气象台（站）、地震台（站），以及高等院校和科研机构对公众开放的科普基地等。

③ 对于符合法律规定、捐赠额度大的法人或自然人，还允许其在助学基金前冠名。

④ 这21家基金会分别包括：财税〔2006〕66号规定的中国老龄事业发展基金会、中国华文教育基金会、中国绿化基金会、中国妇女发展基金会、中国关心下一代健康体育基金会、中国生物多样性保护基金会、中国儿童少年基金会和中国光彩事业基金会；财税〔2006〕67号规定的中国医药卫生事业发展基金会；财税〔2006〕68号规定的中国教育发展基金会；财税〔2004〕172号规定的宋庆龄基金会、中国福利会、中国残疾人福利基金会、中国扶贫基金会、中国煤矿尘肺病治疗基金会和中华环境保护基金会；财税〔2003〕204号规定的中华健康快车基金会、孙冶方经济科学基金会、中华慈善总会、中国法律援助基金会和中华见义勇为基金会。

捐赠行为	旧的文件或法规规定（2008年新《企业所得税法》颁布之前的法规及文件）		现行的相关政策规定	
	法律或文件依据	具体抵扣规定	法律或文件依据	具体抵扣规定
企业以提供免费服务的形式，通过非营利团体和国家机关向"寄宿制学校建设工程"进行的捐赠	财税〔2005〕137号	准予在缴纳企业所得税前全额扣除	沿用财税〔2005〕137号	规定有效，沿用以前政策
纳税人通过中国境内非营利的社会团体、国家机关向教育事业的捐赠	财税〔2004〕39号	准予在缴纳所得税前全额扣除（2004年1月1日起执行）	沿用财税〔2004〕39号	规定有效，沿用以前政策
企业赞助第29届奥运会的资金、物资支出	财税〔2003〕10号	准予在缴纳企业所得税前全额扣除（自发文日起执行）	沿用财税〔2003〕10号	规定有效，沿用以前政策
纳税人通过非营利性的社会团体和国家机关对公益性青少年活动场所①（其中包括新建）的捐赠	财税〔2000〕21号	准予在缴纳所得税前全额扣除（自2000年1月1日起执行）	沿用财税〔2000〕21号	规定有效，沿用以前政策
企业等通过非营利性的社会团体和国家机关（包括中国红十字会）向红十字事业②的捐赠	财税〔2000〕30号	准予在缴纳所得税前全额扣除（自2000年1月1日起执行）	沿用财税〔2000〕30号	规定有效，沿用以前政策
企事业单位等社会力量投资兴办的福利性、非营利性的老年服务机构③	财税〔2000〕97号	暂免征收企业所得税（自2000年10月1日起执行）	沿用财税〔2000〕97号	规定有效，沿用以前政策

①　该通知所称的公益性青少年活动场所，是指专门为青少年学生提供科技、文化、德育、爱国主义教育和体育活动的青少年宫、青少年活动中心等校外活动的公益性场所。

②　这里所说的"红十字事业"是指由财税〔2001〕28号所认定的十种公益事业。

③　该通知所称老年服务机构，是指专门为老年人提供生活照料、文化、护理、健身等多方面服务的福利性、非营利性的机构，主要包括老年社会福利院、敬老院（养老院）、老年服务中心和老年公寓（含老年护理院、康复中心、托老所）等。

续　表

捐赠行为	旧的文件或法规规定（2008年新《企业所得税法》颁布之前的法规及文件）		现行的相关政策规定	
	法律或文件依据	具体抵扣规定	法律或文件依据	具体抵扣规定
企事业单位等通过非营利性的社会团体和政府部门向福利性、非营利性的老年服务机构的捐赠	财税〔2000〕97号	准予在缴纳所得税前全额扣除（自2000年10月1日起执行）	沿用财税〔2000〕97号	规定有效，沿用以前政策
在国家规定实行社会保障体系试点的地区，企业等向慈善机构、基金会等非营利机构的公益、救济性捐赠	财税〔2001〕9号	准予在缴纳企业所得税前全额扣除	沿用财税〔2001〕9号	规定有效，沿用以前政策
企事业单位等社会力量通过非营利的社会团体和国家机关向农村义务教育①的捐赠	财税〔2001〕103号	准予在缴纳所得税前全额扣除（自2001年7月1日起执行）	沿用财税〔2001〕103号	规定有效，沿用以前政策
外商投资企业通过中国境内的国家指定的非营利组织或国家机关，向教育、民政等公益事业和遭受自然灾害的地区、贫困地区的捐赠	《外商投资企业和外国企业所得税法》	可以作为当期成本费用列支（自2008年1月1日起废止）	《中华人民共和国企业所得税法》	年度利润总额12%内的部分，准予在计算应纳税所得额时扣除（2008年1月1日起执行）

　　《中华人民共和国企业所得税法实施条例》（下称《企业所得税法实施

---

　　①　该通知所称农村义务教育的范围，是指政府和社会力量举办的农村乡镇（不含县和县级市政府所在地的镇）、村的小学和初中及属于这一阶段的特殊教育学校。纳税人对农村义务教育与高中在一起的学校的捐赠，也享受本通知规定的所得税前扣除优惠。

条例》)①等都规定,企业发生非货币性资产交换,以及将货物、财产、劳务用于捐赠、赞助等用途时,应当视同销售货物、财产转让或者提供劳务,不能抵扣,需要缴纳相应的所得税。

财税〔2003〕224 号规定:对工商企业及个人订阅《人民日报》《求是》杂志捐赠给贫困地区的费用支出,视同公益、救济性捐赠,可按税法规定的比例在缴纳企业所得税和个人所得税前扣除。

新《企业所得税法》的颁布实施,消除了内、外资企业公益性捐赠税前扣除差异,统一将企业公益性捐赠支出税前扣除比例确定为年度利润总额的 12%(表 3-4 也清晰地反映出这一变化)。

此前,在 1999 年至 2007 年的一系列单项文件中,规定了关于税收优惠扣除额度的 3%、10%和全额扣除三种比例限制,见表 3-5。

表 3-5　我国 1999—2007 年间公益性捐赠税前扣除比例一览表

序号	公 益 性 捐 赠 项 目	税前扣除比例	文 件 号
1	向公益性青少年活动场所(其中包括新建的)的捐赠	全额	财税〔2000〕21 号
2	向中国红十字事业的捐赠	全额	财税〔2000〕30 号
3	向福利性、非营利性的老年服务机构的捐赠	全额	财税〔2000〕97 号
4	向农村义务教育的捐赠	全额	财税〔2001〕103 号
5	向第 29 届奥运会捐赠的资金、物资支出	全额	财税〔2003〕10 号
6	通过中华健康快车基金会或孙冶方经济科学基金会、中华慈善总会、中国法律援助基金会和中华见义勇为基金会的捐赠	全额	财税〔2003〕204 号
7	向教育事业的捐赠	全额	财税〔2004〕39 号
8	通过宋庆龄基金会、中国福利会、中国残疾人福利基金会、中国扶贫基金会、中国煤矿尘肺病治疗基金会或中华环境保护基金会的捐赠	全额	财税〔2004〕172 号

———————

① 《企业所得税法实施条例》第二十五条规定:企业发生非货币性资产交换,以及将货物、财产、劳务用于捐赠、偿债、赞助、集资、广告、样品、职工福利或者利润分配等用途的,应当视同销售货物、转让财产或者提供劳务,但国务院财政、税务主管部门另有规定的除外。

续　表

序号	公 益 性 捐 赠 项 目	税前扣除比例	文件号
9	针对"寄宿制学校建设工程"进行的捐赠	全额	财税〔2005〕137 号
10	通过中国老龄事业发展基金会、中国华文教育基金会、中国绿化基金会、中国妇女发展基金会、中国关心下一代健康体育基金会、中国生物多样性保护基金会、中国儿童少年基金会或中国光彩事业基金会用于公益、救济性的捐赠(自 2006 年 1 月 1 日起)	全额	财税〔2006〕66 号
11	通过中国医药卫生事业发展基金会的捐赠(自 2006 年 1 月 1 日起)	全额	财税〔2006〕67 号
12	通过中国教育发展基金会用于公益性的捐赠(自 2006 年 1 月 1 日起)	全额	财税〔2006〕68 号
13	通过国家批准成立的非营利性的公益组织(含中华社会文化发展基金会)或国家机关对宣传文化事业的公益性捐赠(自 2006 年 1 月 1 日起至 2010 年 12 月 31 日)	10%	财税〔2003〕55 号财税〔2007〕24 号
13-1	通过中国境内非营利性的社会团体、国家机关向科普单位的捐赠(自 2006 年 1 月 1 日起)	10%	财税〔2007〕24 号
14	通过中国青少年发展基金会、希望工程基金会、减灾委员会、中国残疾人联合会、全国老年基金会和老区促进会的捐赠	3%	《企业所得税法实施条例》
15	通过联合国儿童基金组织向贫困地区儿童的捐赠	3%	国税发〔1999〕77 号
16	向中国青年志愿者协会的捐赠	3%	国税函〔2000〕310 号
17	向中国之友研究基金会的捐赠	3%	国税函〔2001〕6 号
18	通过光华科技基金会的捐赠	3%	国税函〔2001〕164 号
19	向中国文学艺术基金会的捐赠	3%	国税函〔2001〕207 号
20	向中国人口福利基金会的捐赠	3%	国税函〔2001〕214 号
21	向中国听力医学发展基金会的捐赠	3%	国税函〔2001〕357 号
22	通过中华社会文化发展基金会的其他捐赠	3%	国税函〔2002〕890 号
23	通过非营利社会团体和政府机关向非营利性社区卫生服务机构进行的捐赠	3%	卫基妇发〔2002〕186 号

续 表

序号	公 益 性 捐 赠 项 目	税前扣除比例	文件号
24	通过中国癌症研究基金会的捐赠	3%	国税函〔2003〕142 号
25	通过中国初级卫生保健基金会的捐赠	3%	国税函〔2003〕763 号
26	通过中华国际科学交流基金会的捐赠	3%	国税函〔2003〕1198 号
27	通过阎宝航教育基金会的捐赠	3%	国税函〔2004〕341 号
28	通过中华民族团结进步协会的捐赠	3%	国税函〔2004〕634 号
29	向中国高级检察官教育基金会的捐赠	3%	国税函〔2005〕952 号
30	向民政部紧急救援促进中心的捐赠	3%	国税函〔2005〕953 号
31	通过香江社会救助基金会的捐赠	3%	国税函〔2006〕324 号
32	通过中国经济改革研究基金会的捐赠	3%	国税函〔2006〕326 号
33	通过中国国际问题研究和学术交流基金会的捐赠	3%	国税函〔2006〕447 号
34	通过中国禁毒基金会的捐赠	3%	国税函〔2006〕1253 号
35	通过中国金融教育发展基金会、中国国际民间组织合作促进会、中国社会工作协会孤残儿童救助基金管理委员会、中国发展研究基金会、陈嘉庚科学奖基金会、中国友好和平发展基金会、中华文学基金会、中华农业科教基金会、中国少年儿童文化艺术基金会和中国公安英烈基金会的捐赠	3%	财税〔2006〕73 号
36	通过非营利的社会团体和国家机关用于艾滋病防治事业的捐赠	3%	财税〔2006〕84 号
37	通过中国华侨经济文化基金会、中国少数民族文化艺术基金会、中国文物保护基金会和北京大学教育基金会的捐赠	3%	财税〔2006〕164 号
38	通过公益性的社会团体和国家机关向科技部科技型中小企业技术创新基金管理中心用于科技型中小企业技术创新基金的捐赠（自 2007 年 1 月 1 日起）	3%	财税〔2006〕171 号
39	工商企业订阅《人民日报》《求是》杂志捐赠给贫困地区（是指国务院和省政府确定的"老、少、边、穷"地区）的费用支出,视同公益、救济性捐赠	3%	财税〔2003〕224 号

续　表

序号	公 益 性 捐 赠 项 目	税前扣除比例	文件号
40	通过中国青少年社会教育基金会、中国职工发展基金会、中国西部人才开发基金会、中远慈善基金会、张学良基金会、周培源基金会、中国孔子基金会、中华思源工程扶贫基金会、中国交响乐发展基金会、中国肝炎防治基金会、中国电影基金会、中华环保联合会、中国社会工作协会、中国麻风防治协会、中国扶贫开发协会和中国国际战略研究基金会的捐赠(自 2007 年 1 月 1 日起)	3%	财税〔2007〕112 号

2008 年 1 月 1 日起实施的新《企业所得税法》第九条中规定:"企业发生的公益性捐赠支出,在年度利润总额 12% 以内的部分,准予在计算应纳税所得额时扣除。"《企业所得税法实施条例》第五十一条中规定:"企业所得税法第九条所称公益性捐赠,是指企业通过公益性社会团体或者县级以上人民政府及其部门,用于《中华人民共和国公益事业捐赠法》规定的公益事业的捐赠。"

企业的慈善捐赠行为可根据其是否经过法定中间机构分为间接捐赠和直接捐赠两种。纳税人通过中国境内的非营利性社会团体或国家机关向教育、民政等公益事业,以及遭受自然灾害地区、贫困地区的慈善捐赠是间接捐赠,可以按规定在税前扣除。直接捐赠指的是纳税人直接向受赠人的捐赠,不允许税前扣除。

对税前扣除限额规定方面,在新《企业所得税法》颁布之前,税法规定纳税人可以在税前全额扣除的慈善捐赠支出主要有直接向中华慈善总会、宋庆龄基金会、中国福利会、中国扶贫基金会等指定范围的公益组织的捐赠;通过中国境内非营利性社会团体和政府机构,向教育事业,福利性、非营利性老年服务机构,农村义务教育或公益性青少年活动场所等规定范围的捐赠等。纳税人可以在税前按一定比例扣除的捐赠主要有:直接向中国青少年发展基金会、减灾委员会、中国残疾人联合会、全国老年基金会、中华环境保护基金会等税法指定的公益组织的捐赠。在新《企业所得税法》颁布之后,对于扣除比例的规定不再加以区别对待,重点关注的是公益性捐赠用途,即企业的慈善捐赠是否用于《中华人民共和国公益事业捐赠法》规定的公益事业。《中华人民共和国公益事业捐赠法》规定的公益事业是指非营利的下列事项或行为：救助灾害、救济贫困、扶助残疾人等困难的社会群体和个人的活动；教育、科学、文化、卫生和体育事业；环境保护、社会公共设施建设；促进社会发展和进步的其他社会公共和福利事业。

在公益性社会团体的资格认定方面，《企业所得税法实施条例》中规定的是，同时符合下列条件的基金会、慈善组织等社会团体：依法登记，具有法人资格；以发展公益事业为宗旨且不以营利为目的；全部资产及其增值为该法人所有；收益和营运结余主要用于符合该法人设立目的的事业；终止后的剩余财产不归属任何个人或者营利组织；不经营与其设立目的无关的业务；有健全的财务会计制度；捐赠者不以任何形式参与社会团体财产的分配；国务院财政、税务主管部门会同国务院民政部门等登记管理部门规定的其他条件。而在《中华人民共和国公益事业捐赠法》中规定的"公益性非营利的事业单位"是指依法成立的、从事公益事业的、不以营利为目的的教育机构、科学研究机构、医疗卫生机构、社会公共文化机构、社会公共体育机构和社会福利机构等。可见，在对公益性社会团体的资格认定上，企业所得税法中的规定比公益事业捐赠法中的更加严格。我国目前具有全额抵扣资格的公益性慈善组织只有 21 家（不包括民政部批准的其他非营利性公益组织），覆盖范围相对有限。对食品安全、农民工权益保护、癌症预防、动物保护等多个领域中的公益性组织鲜有倾向性、扶持性的优惠政策。

（2）流转税类优惠政策

我国现行流转税主要包括增值税、消费税、营业税和关税等。在慈善捐赠方面，我国法律法规对这几种税都进行了相关优惠规定，具体见表3-6。

表 3-6　我国内、外资企业的公益性捐赠所得税激励政策

税收优惠政策	对　　象	政策文件
在合理数量范围内，免征进口关税和进口环节增值税、消费税	国外民间团体、企业、友好人士和华侨，以及我国香港居民和台湾、澳门同胞无偿向我国境内受灾地区捐赠的直接用于救灾的物资①	财税字〔1998〕98 号
免征进口关税和进口环节增值税	境外捐赠人②公益性无偿向受赠人捐赠的直接用于扶贫、慈善事业的物资③；境外捐赠用于慈善活动的物资	财税〔2000〕152 号；2016 年《慈善法》第七十六条
免征进口环节增值税、消费税和关税④	从 2002 年 6 月 25 日起，国务院文物管理部门和国有文物收藏单位，以接受境外机构、个人捐赠等方式进口的中国文物	财税〔2002〕81 号
免征进口环节增值税和关税	对国外政府和国际组织无偿捐赠用于第 29 届奥运会的进口物资。境外企业赞助、捐赠用于第 29 届奥运会的进口物资，应按规定照章征收进口关税和进口环节增值税	财税〔2003〕10 号

---

　　①　这里的救灾捐赠物资限于：第一，食品类（不包括调味品、水产品、水果、饮料、酒等）；第二，新的服装、被褥、鞋帽、帐篷、手套、睡袋、毛毯及其他维持基本生活的必需用品等；第三，药品类（包括治疗、消毒、抗菌等用的药品）、疫苗、白蛋白、急救用医疗器械、消杀灭药械等；第四，抢救工具（包括担架、橡皮艇、救生衣等）；第五，经国务院批准的其他直接用于灾区救援的物资。

　　②　该办法所称境外捐赠人是指中华人民共和国关境外的自然人、法人或者其他组织。

　　③　该办法所称用于扶贫、慈善事业的物资是指：第一，新的衣服、被褥、鞋帽、帐篷、手套、睡袋、毛毯及其他维持基本生活的必需用品等；第二，食品类及饮用水（调味品、水产品、水果、饮料、烟酒等除外）；第三，医疗类包括直接用于治疗特困患者疾病或贫困地区治疗地方病及基本医疗卫生、公共环境卫生所需的基本医疗药品、基本医疗器械、医疗书籍和资料；第四，直接用于公共图书馆、公共博物馆、中等专科学校、高中（包括职业高中）、初中、小学、幼儿园教育的教学仪器、教材、图书、资料和一般学习用品；第五，直接用于环境保护的专用仪器；第六，经国务院批准的其他直接用于扶贫、慈善事业的物资。

　　④　该文件现在已经失效。

续　表

税收优惠政策	对　　象	政策文件
免征增值税及教育费附加税	对单位和个体经营者将自产、委托加工或购买的货物通过公益性社会团体、县级以上人民政府及其部门无偿捐赠给受灾地区的捐赠	国发〔2008〕21号；国发〔2010〕16号
免征进口关税和进口环节增值税①	对境外捐赠人无偿捐赠的直接用于各类职业学校、高中、初中、小学、幼儿园教育的教学仪器、图书、资料和一般学习用品	财税〔2004〕39号

注：笔者整理所得。

（3）行为税类的优惠政策

我国现行的城市维护建设税、印花税、契税、土地增值税和耕地占用税都属于行为税类。

关于行为税类的捐赠优惠政策包括：《所得税暂行实施条例》第四条规定，财产所有人将财产赠给政府、社会福利单位、学校所立的书据免征印花税。财税〔2003〕10号规定：财产所有人将财产（物品）捐赠给第29届奥运会组委会所书立的产权转移书据免征应缴纳的印花税。《国务院关于支持汶川地震灾后恢复重建政策措施的意见》（国发〔2008〕21号）、《国务院关于支持玉树地震灾后恢复重建政策措施的意见》（国发〔2010〕16号）规定：对单位和个体经营者将自产、委托加工或购买的货物通过公益性社会团体、县级以上人民政府及其部门无偿捐赠给受灾地区的，免征城市维护建设税。《财政部 国家税务总局关于教育税收政策的通知》（财税〔2004〕39号）规定：对财产所有人将财产赠给学校所立的书据，免征印花税；对县级以上人民政府教育行政主管部门或劳动行政主管部门审批并颁发办学许可证，由企业事业组织、社会团体及其他社会和公民个人利用非国家财政性教育经费面向社会举办的学校及教育机构，其承受的土地、房屋权属用于教学的，免征契税。财税字〔1995〕48号规定：房产所有人、土地使用权所有人通过中国境内非营利社会团体、国家机关将房屋产权、土地使用权赠予教育和其他社会公益事业的，不征收土地增值税。

（4）财产税类优惠政策

我国现行的房产税、城市房地产税、车船使用税、车船使用牌照税、船

---

①　上述捐赠用品不包括国家明令不予减免进口税的20种商品。

舶吨税和城镇土地使用税都属于财产税类。在财产税类中,我国企业慈善捐赠的优惠政策不多,主要有《财政部 国家税务总局关于教育税收政策的通知》(财税〔2004〕39号),其中规定:企业办的各类学校、托儿所、幼儿园自用的房产、土地,免征房产税、城镇土地使用税。

3.2.3 对我国慈善捐赠税收政策的评述

第一,关于企业慈善捐赠,我国一直缺乏统一的法律规范,《慈善法》是2016年最新出台的相关法律,但关于企业慈善捐赠的法规细节较少。2007年我国发布了新《企业所得税法》,但是在我国也并行着许多国务院发布的各类通知性文件,使得企业进行捐赠时分不清楚抵扣应该依据哪个标准,甚至会出现相互矛盾的情况。例如,新《企业所得税法》规定了12%的抵扣率,并于2008年开始执行,而2007年由财政部、国家税务总局联合发布的《关于宣传文化所得税优惠政策的通知》(财税〔2007〕24号)则规定对于企业宣传文化事业有关的捐赠可以全额扣除,该规定在2007年1月1日至2010年12月31日期间有效。这两个规定就相互冲突,如果某企业在2008年到2010年之间对宣传文化事业的捐赠超出了企业利润的12%,是否可以全额扣除呢?并且由上述内容可知,类似于这样的通知不在少数,这种情况会对企业现实捐赠造成困扰。

第二,具有全额抵扣优惠资格的公益性组织相对较少,覆盖范围不够广泛,企业实行捐赠的通道过窄,捐赠主要集中在扶贫、救灾及助学等传统的慈善领域之内,使得某一些领域内的慈善事业发展受限,制约了我国企业事业的全方位发展。作为国内首部慈善法,《慈善法》第一次对慈善组织的范畴及其相关功能与责任进行了法律意义上的界定,对我国慈善事业发展具有重大意义。

第三,企业慈善捐赠的税前抵扣比例相对偏低,2016年《慈善法》出台之前,一直没有向前结转的抵扣规定。因为企业是倾向于达到自身利益最大化的,慈善事业虽然是其履行社会责任的方式,但是企业并非慈善机构,不会无止尽地付出不求回报。在规定了一定捐赠抵扣比例的情况下,企业也会无形之中为自己设定一个捐赠支出的心理账户——企业年度利润总额的12%。也就是说,追求效用最大化的企业的慈善捐赠支出一般只会在12%以内,因此,低的捐赠抵扣比例会间接造成低的捐赠支出。2016 年《慈善法》第八十条对此进行了很好的完善,规定企业慈善捐赠支出超过法律规定的准予在计算企业所得税应纳税所得额时扣除的部分,允许结转以后 3 年内在计算应纳税所得额时扣除。

第四,从目前我国的相关扣除和优惠政策来看,我国企业的捐赠一般只有现金捐赠才能够在缴纳所得税前进行扣除,实物捐赠在企业会计作账与税务计税统计操作上有很大差异,导致程序上的复杂化。这一规定直接影响到慈善捐赠事业,降低了企业进行慈善捐赠的积极性。2016 年《慈善法》明确了捐赠人向慈善组织捐赠实物、有价证券、股权和知识产权的,依法免征权利转让的相关行政事业性费用。

第五,我国的慈善捐赠税收政策规定繁杂,文件颇多,这就形成了一个宣传的障碍,造成企业的信息不对称,无法全面掌握与慈善捐赠有关的多方面信息,也就不利于企业全方位地进行慈善捐赠。

3.3 税收政策、企业利润与企业慈善捐赠行为的相关性

当企业适用的税率提高时,一方面造成企业税后利润的下降,有可能引起慈善捐赠额的下降;另一方面还造成企业慈善捐赠的价格下降,这就有可能引起慈善捐赠额的上升。反之,当企业适用的税率下降时,一方面会带来企业税后利润的上升,有可能引起慈善捐赠额的上升;另一方面会引起企业慈善捐赠的价格上升,这就有可能引起慈善捐赠额的下降。当企业捐赠的税前扣除比例提高时,一方面造成企业税后利润的上升,有可能引起慈善捐赠额的上升;另一方面造成慈善捐赠的价格上升,这就有可能引起企业慈善捐赠额的下降。反之,当企业慈善捐赠的税前扣除比例降低时,一方面企业的税后利润下降,有可能引起慈善捐赠额的下降;另一方面,造成慈善捐赠的价格下降,这就有可能引起企业慈善捐赠额的上升。

我们将企业的税后利润和慈善捐赠支出视为企业管理层的不同选择;同时还考虑到慈善捐赠支出对企业的销售和利润存在影响,适度的慈善捐赠可以促进企业的社会关系发展,扩大销售,增加利润。(Navarro,1988)Brown et al. (2006)的研究表明,慈善捐赠可以为公司起到广告效

应。与这些研究者的论点相似，Harbaugh(1998)，Strahilevitz(1999)及 Strahilevitz et al.(1998)也认为，捐赠可以提高企业声誉，而提高声誉对部分商品有促销作用。但是过度的慈善捐赠可能造成企业成本不成比例的上升，减少企业利润。

综合上述分析，我们可以将慈善捐赠、税收政策对企业利润和效用的影响关系用图 3-3 表示。

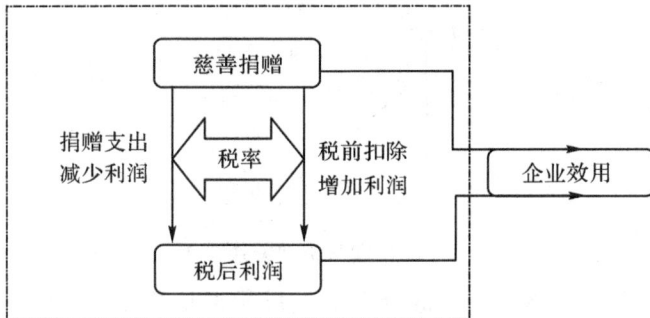

图 3-3　企业慈善捐赠、企业效用、税收政策关系图

3.4　企业慈善捐赠行为对企业利润的影响分析

在这部分，我们将运用企业的利润函数来解读企业慈善捐赠行为与企业利润的相互关系。

在利润最大化的假设下，从企业需求出发同时不考虑税收影响时，企业最大化利润函数为 $\prod = PQ(P,G) - C[Q(P,G)] - G$。

在考虑税收影响时，企业的慈善捐赠还具有一定程度的降低成本的作用，企业最大化利润的函数为 $\prod = PQ(P,G) - C[Q(P,G);E] - G - T$。其中，$P$ 代表产品价格；Q 代表销售数量；G 代表捐赠支出；C 代表成本，$C = C[Q(P,G);E]$；E 代表企业的声誉，E 是 G 的函数；T 为税收。

以 R 表示企业的利润，以 G 表示企业的慈善捐赠支出额，则 R 与 G 具有相关性。

3.4.1 企业的利润与慈善捐赠相关

第一,在不考虑税收影响时,R 与 G 此消彼长,完全负相关。

这时的利润捐赠关系线为斜率是 -0.5 的直线 RG。捐赠为 0 时,利润是 R;捐赠为 R 时,利润是 0;捐赠为 G 时,利润为 $R-G$。具体见图 3-4。

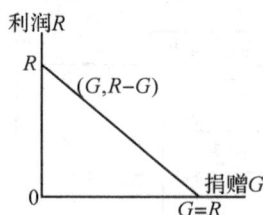

图 3-4　利润与捐赠关系图 A

第二,考虑税收影响,但捐赠支出不可税前抵扣。

企业的税后利润为 $R(1-t)$,企业捐赠额 $G \leqslant R(1-t)$。

企业的捐赠为 0 时,利润为 $R(1-t)$;捐赠为 $R(1-t)$ 时,利润为 0;捐赠为 G 时,利润为 $R(1-t)-G$。具体见图 3-5。

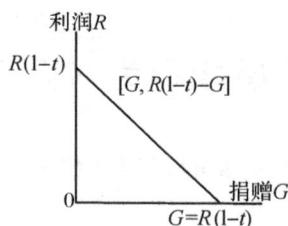

图 3-5　利润与捐赠关系图 B

第三,在考虑税收影响,且捐赠支出可全部税前抵扣的情形下,由于企业的慈善捐赠可全部在税前抵扣,在捐赠时,每单位捐赠可少支出税收 t。在企业捐赠额为 G 时,少支出 $t \times G$ 的税收,企业的税后保留利润在 0 到 $(R-G)(1-t)$ 之间。

企业的捐赠为 0 时,利润为 $R(1-t)$;捐赠为 R 时,利润为 0;捐赠为 G 时,利润为 $(R-G)(1-t)$。具体见图 3-6。

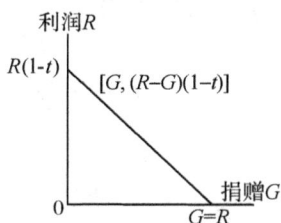

图 3-6 利润与捐赠关系图 C

第四,在考虑税收影响,但捐赠支出仅部分可做税前抵扣的情形下(图 3-7),设企业的慈善捐赠可税前扣除限额占企业利润的比例为 μ,则当 $G \leqslant \mu R$ 时,企业的税后保留利润为 $(R-G)(1-t)$;当 $G > \mu R$ 时,企业的税后保留利润为 $(R-\mu R)(1-t)-(G-\mu R)$。

当企业的捐赠为 0 时,利润为 $R(1-t)$,即图中的 E 点;当捐赠为 $G1 \leqslant \mu R$ 时,利润为 $(R-G1)(1-t)$,即图中的 B 点;当捐赠为 $G2 > \mu R$ 时,利润为 $R-G2-R(1-\mu)t$,即图中的 C 点;当捐赠为 $R-R(1-\mu)t$ 时,利润为 0,即图中的 F 点。

企业的税后保留利润在 0 与 $R-R(1-\mu)t$ 之间,捐赠支出在 0 到 R 之间。

企业的利润捐赠线为 EAF 线,A 点为拐点,当捐赠为 μR 时,利润为 $(R-\mu R)(1-t)=R(1-\mu)(1-t)$。

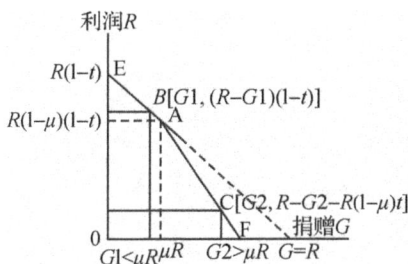

图 3-7 利润与捐赠关系图 D

3.4.2 企业的利润与慈善捐赠非线性相关

第一,在捐赠不可税前抵扣的情形下(图 3-8),由于利润 R 与 G 相关,当企业慈善捐赠支出为 G 时,企业的利润为 G 的函数 $R(G)$。由于企业的慈善捐赠支出不可在税前抵扣,当税率为 t,企业利润为 $R(G)$ 时,将

负担税收 $R(G)t$，企业的税后保留利润为 $R(G)(1-t)-G$。

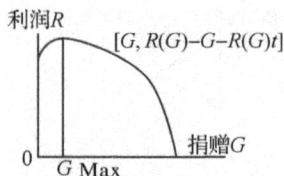

利润R

$[G, R(G)-G-R(G)t]$

捐赠G

$0 \quad G\,\text{Max}$

图 3-8　利润与捐赠关系图 E

由于 $N(G)=R(G)(1-t)-G$（W 为税后利润），利润最大化要求 $N'(G)=0$，即 $(1-t)R(G)'-1=0$。

设产品销售价格为 p，销售数量为 $Q(G)$，成本为 $C(G)$，则上述条件变为 $(1-t)[pQ(G)-C(G)]'-1=0$，即 $pQ'(G)-C'(G)=1/(1-t)$，$C'(G)=pQ'(G)-1/(1-t)$。

第二，在慈善捐赠可全部做税前抵扣的情形下（图 3-9），当企业慈善捐赠额为 G 时，企业的税后保留利润为 $[R(G)-G](1-t)$。

这时 $N(G)=[R(G)-G](1-t)$，对 G 求导，则 $N'(G)=[R'(G)-1](1-t)$。令 $N'(G)=0$ 得 $[R'(G)-1](1-t)=0$，即 $(1-t)[pQ'(G)-C'(G)-1]=0$，则 $pQ'(G)-C'(G)-1=0$，$C'(G)=pQ'(G)-1$。

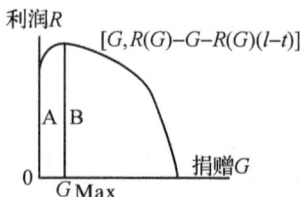

利润R

$[G, R(G)-G-R(G)(l-t)]$

A B

捐赠G

$0 \quad G\,\text{Max}$

图 3-9　利润与捐赠关系图 F

第三，在仅可部分进行税前抵扣的情形下，设企业慈善捐赠可税前扣除限额占企业税前利润的比例为 μ，则当 $G \leqslant \mu R(G)$ 时，企业的税后保留利润为 $[R(G)-G](1-t)$；当 $G>\mu R(G)$ 时，企业的税后保留利润为 $R(G)-G-(1-\mu)R(G)t$，即 $R(G)(1-t)-G+\mu R(G)t$。

在 A 部分，当企业的慈善捐赠为 G 时，企业的税后保留利润为 $[R(G)-G](1-t)$，即 $N(G)=[R(G)-G](1-t)$，利润最大化要求为 $C'(G)=pQ'(G)-1$。

在 B 部分，当企业的慈善捐赠为 $G1$ 时，企业的税后保留利润为

$R(G1)' - G1 - (1-\mu)R(G1)t$，即 $N(G1) = R(G1) - G1 - (1-\mu)R(G1)t$。

令 $N'(G1) = 0$，得 $R'(G1) - 1 - (1-\mu)t\,R'(G1) = 0$，即 $[1 - (1-\mu)t]R'(G1) = 1$，$C'(G1) = pQ'(G1) - 1/[1-(1-\mu)t]$。

3.4.3　不同时期的影响

如果企业的慈善捐赠行为可以在两个不同时期进行选择（假设慈善捐赠支出可以全部进行税前扣除），若时期 I 的税率为 $t1$，时期 II 的税率为 $t2$，贴现率为 h，则企业选择时期 I 或时期 II 的慈善捐赠净支出将分别为 $(1-t1)G$ 或 $h(1-t2)G$。从企业慈善捐赠支出成本的角度出发，当 $1-t1 < h(1-t2)$ 时，选择在时期 I 进行捐赠；当 $h(1-t2) < 1-t1$ 时，选择在时期 II 进行捐赠。

当捐赠给企业带来的声誉是跨期的影响时，当年的捐赠支出不但对企业当年产生影响，还将会对以后时期产生影响。对于两个时期的情形，设 $G = G1 + G2$，$G1$ 和 $G2$ 分别是企业两个不同时期的捐赠支出，企业利润最大化要求为 2 年间企业利润净现值之和的最大化，即 $\mathrm{Max}\,V(G1, G2) = [pQ(G1) - C(G1) - G1](1-t1) + h[pQ(G1+G2) - C(G2) - G2](1-t2)$，使得 $G1 + G2 = G$。

3.5　企业慈善捐赠行为对企业效用的影响分析

古典经济人假设对经济利益过分关注，事实上，个体的行为不仅仅受到其对经济利益和为此付出的经济成本方面考虑的结果影响，还受到心理效用和经济利益本身及其所带来的效用综合考虑的影响，引入心理效用后的假设更加具有实践说服力，同时对拓展现代经济学研究领域和方法论的发展也具有重要意义。（黄福宁，2005）Becker 在《人类经济行为的分析》中指出，"经济分析是一种统一的方法，适用于解释人类全部行为"，经济人之所以是经济的，而且具有普遍意义，就是因为他是在对包括经济利益获得带来的效用和成本比较及道德、法律、伦理、心理感受等在内的多方面的效用与损失进行综合比较考虑后做出某一行为或不行为的决策选择，因而可以肯定其行为的目标是总效用最大化，最终可以得出的结论是现实中的经济人具有社会普遍性，这就是所谓的新经济人理论。

Navarro(1988)提出的效用最大化模型为：$\text{Max}U[G,X]$，G,X,Q 使得 $\prod D = \prod R - \prod 0$。

其中，U 代表经理人效用，$\prod R = (1-t)\{R(Q,G) - C[Q(P,G);E] - G - X\}$，$X$ 为除捐赠之外的其他支出，$\prod D$ 代表企业的经理人可处置利润，$\prod R$ 代表税后利润，$\prod 0$ 代表股东要求达到的最低利润。(Navarro,1988)

在前述的文献中，没有考虑企业慈善捐赠税收优惠差异化的影响，在此我们对效用最大化模型假设下的情形做进一步推导。

企业的慈善捐赠既可以看作是支出（或消费），也可以看作是需求（获得某种自身满足的一项需求）。而企业慈善捐赠的价格可以定义为企业每进行一个单位的慈善实际需要付出的金额。可以算出，当税率为 t 时，每单位捐赠在无税情况下的支出成本为 1；在可全部税前扣除的情况下的支出成本为 $1-t$；在可部分税前扣除的情况下的支出成本为 $1-\mu \times t$（μ 为可扣除比例），即税收价格 = $1 - $ 公司适用税率 $\times \left(1 - \dfrac{\text{不可在税前扣除的捐赠额}}{\text{捐赠支出总额}}\right)$。这种支出通常被称为慈善捐赠的税收价格，因此每单位慈善捐赠的税收价格视不同情况可分别为 $1, 1-t, 1-\mu t$ 三种情形。为反映慈善捐赠额变化相对慈善捐赠税收价格的变化的反应程度，我们使用慈善捐赠的税收价格弹性指标，即慈善捐赠额增减的变化率除以慈善捐赠税收价格增减的变化率。

以企业的税后利润和慈善捐赠支出两个变量为企业的最终需求，企业的效用函数是不同可能的税后利润额与慈善捐赠额的组合函数。企业的财富将在利润和慈善捐赠之间进行分配，因此企业保留利润的增加或减少必然伴随着其慈善捐赠支出额的减少或增加。

不失一般性的，企业的效用曲线与企业的税后利润和企业的慈善捐赠支出额有关，企业的等效用曲线应当为凸性曲线，如图 3-10 所示。

为考察税收激励对慈善捐赠的影响，假设管理者的效用取决于公司慈善捐赠和税后利润，G,N 分别代表慈善捐赠额和净利润，效用函数为 $U(G,N) = U\{G, (1-t)[pQ(G) - C(G) - G]\}$（设捐赠可全部税前扣除）。取 UG, UN 分别代

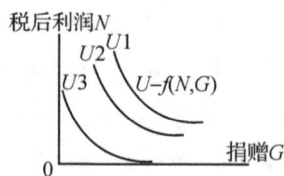

图 3-10 等效用曲线

表慈善捐赠和税后利润的边际效用,则一阶条件为: $UG+UN(1-t)[pQ'(G)-C'(G)-1]=0$ 或者 $UG/UN=(1-t)[1-pQ'(G)-C'(G)]$。

当慈善捐赠对企业的销售和成本没有影响时,$Q'(G)=C'(G)=0$,这时 $UG=(1-t)UN \leqslant UN$,这说明慈善捐赠变动对企业效用的影响小于利润变动的影响。

当以 Cobb-Douglas 函数来模拟企业的效用函数时,其效用函数可表示为 $U=BN\alpha G\beta$,其中 N 为税后利润(若 R 为税前利润,T 为税收,则 $N=R-T$),G 为慈善捐赠额,B,α,β 为参数。

为简化计算,做单调变换,可将效用函数改写成 $U=A+\alpha\ln N+\beta\ln G$($A$ 为参数),我们分以下不同情形进行讨论。

第一,在税法规定企业的全部慈善捐赠支出可以在税前扣除,且企业的慈善捐赠不会促进企业的销售和利润时。

这时企业的税后利润为 $N=(R-G)(1-t)$,R 代表企业的税前利润,G 代表企业的慈善捐赠支出,t 代表税率。企业获得的效用为 $U=A+\alpha\ln N+\beta\ln G=A+\alpha\ln(R-G)(1-t)+\beta\ln G$。

效用最大化要求为:U 对 G 的导数为零,即 $U'=0$。对 G 求导后得 $U'=-\alpha(1-t)/(R-G)(1-t)+\beta/G=-\alpha/(R-G)+\beta/G$。令 $-\alpha/(R-G)+\beta/G=0$,可导出 $G=\beta R/(\alpha+\beta)$。

这说明,企业的全部慈善捐赠支出可以在税前扣除,且企业的慈善捐赠不会促进企业的销售和利润增长时,存在最优慈善捐赠额 $G=\beta R/(\alpha+\beta)$,使得企业的效用达到最大化。

第二,在税法规定企业的全部慈善捐赠支出可以在税前扣除,且企业的慈善捐赠可促进企业的销售和利润时。

这时企业的税后利润为 $N(G)=[R(G)-G](1-t)$,企业获得的效用为 $U=A+\alpha\ln N+\beta\ln G=A+\alpha\ln[R(G)-G](1-t)+\beta\ln G$。令 $U'(G)=0$,得 $U'(G)=\alpha[R'(G)-1]/[R(G)-G]+\beta/G=0$,$G=\beta R/[(1-R')\alpha+\beta]$。

当 $(1-R')\alpha+\beta>0$ 即 $R'<(\alpha+\beta)/\alpha$ 时,捐赠 G 是利润 R 的增函数;

当 $(1-R')\alpha+\beta<0$ 即 $R'>(\alpha+\beta)/\alpha$ 时,捐赠 G 是利润 R 的减函数;

当 $(1-R')\alpha+\beta=0$ 即 $R'=(\alpha+\beta)/\alpha$ 时,捐赠 G 与利润 R 无关。

这说明,企业的全部慈善捐赠支出可以在税前扣除,且企业的慈善捐赠可促进企业的销售和利润时,存在最优捐赠额 $G＝\beta R/(\alpha＋\beta)$,使得企业的效用达到最大化。

第三,在税法规定企业的慈善捐赠支出税前可扣除额最多不超过其利润的比例为 μ,且企业的慈善捐赠不会促进企业的销售和利润时。

①当 $G\leqslant\mu R$(即企业的慈善捐赠未超过扣除限额)时,企业的税后利润为:

$$N＝R－G－T\ (T\text{ 为所得税})$$
$$＝R－G－(R－G)t$$
$$＝(R－G)(1－t) \tag{3-1}$$

②当 $G＞\mu R$(即企业的慈善捐赠超过扣除限额)时,企业的税后利润为:

$$N＝R－G－T$$
$$＝R－G－(R－G0)t\ (G0\text{ 为扣除限额},G0＝\mu R)$$
$$＝R[1－(1－\mu)t]－G \tag{3-2}$$

将(3-1)式代入效用函数 $U＝A＋\alpha\ln N＋\beta\ln G$,得 $U＝A＋\alpha\ln(R－G)(1－t)＋\beta\ln G$。

对 G 求导后得: $U'＝－\alpha(1－t)/(R－G)(1－t)＋\beta/G＝－\alpha/(R－G)＋\beta/G$。令 $U'＝0$,则可得: $G＝\beta R/(\alpha＋\beta)$。这说明,在企业的捐赠支出小于等于税前扣除限额时,存在最优捐赠额 $G＝\beta R/(\alpha＋\beta)$,使得企业的效用达到最大化。

当 $G＞\mu R$ 时,$U＝A＋\alpha\ln\{R[1－(1－\mu)t]－G\}＋\beta\ln G$。对 G 求导后,令 $U'＝0$ 可得: $G＝\beta[1－(1－\mu)t]R/(\alpha＋\beta)$。这说明,在企业的捐赠支出大于税前扣除限额时,存在最优捐赠额 $G＝\beta[1－(1－\mu)t]R/(\alpha＋\beta)$,使得企业的效用达到最大化。

第四,在税法规定企业的慈善捐赠支出税前可扣除额最多不得超过其利润的比例为 μ,且企业的慈善捐赠能够促进企业的销售和利润时。

①当 $G\leqslant\mu R(G)$(即企业的慈善捐赠未超过扣除限额)时,企业的税后利润为:

$$N＝[R(G)－G](1－t) \tag{3-3}$$

②当 $G＞\mu R(G)$(即企业的慈善捐赠超过扣除限额)时,企业的税后利润为:

$$N=R(G)[1-(1-\mu)t]-G \tag{3-4}$$

由于企业的效用函数为 $U=A+\alpha\ln N(G)+\beta\ln G$，当企业的慈善捐赠未超过扣除限额，即 $G\leqslant\mu R(G)$ 时，将（3-3）式代入效用函数，得 $U=A+\alpha\ln\{[R(G)-G](1-t)\}+\beta\ln G$；对 G 求导后得 $U'=\alpha(1-t)[R'(G)-1]/\{[R(G)-G](1-t)\}+\beta/G=-\alpha[1-R'(G)]/[R(G)-G]+\beta/G$；令 $U'=0$，可得 $-\alpha[1-R'(G)]/[R(G)-G]+\beta/G=0$。整理后得：

$$G=R\beta/[(1-R')\alpha+\beta] \tag{3-5}$$

可见，这时的慈善捐赠 G 与扣除比例 μ 无关；也就是说，当企业的慈善捐赠意愿较低时，扣除比例的设定并没有什么意义。

当企业的慈善捐赠超过了扣除限额，即 $G>\mu R(G)$ 时，将（3-4）式代入效用函数，得 $U=A+\alpha\ln\{R(G)[1-(1-\mu)t]-G\}+\beta\ln G$；对 G 求导后，令 $U'=0$ 得：$\alpha\{[1-(1-\mu)t]R'(G)-1\}/\{R(G)[1-(1-\mu)t]-G\}+\beta/G=0$。

将上式整理后得：

$$G=R[1-(1-\mu)t]\beta/\{\{1-[1-(1-\mu)t]R'\}\alpha+\beta\} \tag{3-6}$$

可见 $R'=0$（利润与捐赠无关）时，（3-6）式就是 $G=\beta[1-(1-\mu)t]R/(\alpha+\beta)$，与企业的捐赠支出大于税前扣除限额时的最优捐赠额的情形一致。

当 $\mu=1$（全额税前扣除）时，（3-6）式又变为 $G=\beta R/[\alpha(1-R')+\beta]$，这与（3-5）式一致。

考查（3-6）式，我们将 $1-(1-\mu)t$ 设为 η，则 $G=R\eta\beta/[(1-\eta R')\alpha+\beta]$，$\eta$ 可以看成是单位利润的税收价格（与慈善捐赠的税收价格概念相对应，参见第 66 页），它是慈善捐赠额的影响参数。

归纳如下：

$\mu=0$（不得税前扣除）时，$\eta=1-t$，$G=R(1-t)\beta/\{[1-(1-t)R']\alpha+\beta\}$；

$\mu=1$（可全部税前扣除）时，$\eta=1$，$G=R\beta/[(1-R')\alpha+\beta]$。

一般情形下，$G=R\eta\beta/[(1-\eta R')\alpha+\beta]=R[1-(1-\mu)t]\beta/\{\{1-[1-(1-\mu)t]R'\}\alpha+\beta\}$。

由于 $G\geqslant0$，而 $R[1-(1-\mu)t]\beta\geqslant0$，所以 $\{1-[1-(1-\mu)t]R'\}\alpha+\beta\geqslant0$。

可推出 $R'(G)\leqslant(\alpha+\beta)/[1-(1-\mu)t]\alpha$。

这也就是说，只有当 $R'(G)\leqslant(\alpha+\beta)/[1-(1-\mu)t]\alpha$ 时，存在最优慈善捐赠额；否则不存在最优慈善捐赠额。对于规模效应不变函数，$\alpha+\beta=1$，这时 R' 的临界点为 $1/[1-(1-\mu)t]$，即 $R'(G)\leqslant1/[1-(1-\mu)t]$。

第4章 既定税收政策环境下,企业慈善捐赠行为生成机制和优化方法

4.1 企业慈善偏好的测度

基于上一章的分析,发现企业效用是与企业慈善行为和企业利润等因素相关的多元效用函数。追求短期利益最大化的企业效用函数,其经济绩效的权重很高,企业慈善捐赠行为的权重较低;追求长期利益最大化的企业效用函数,其慈善捐赠行为的权重较高。企业履行慈善捐赠行为的最佳水平,取决于企业效用函数中的企业利润和企业慈善捐赠行为的权重。如果企业赋予企业慈善捐赠行为更多的固有价值,企业履行慈善捐赠行为的水平将提高,同时,企业履行慈善捐赠行为也受生产许可和最低利润等条件的限制。

如果用企业的慈善捐赠额来度量企业的慈善捐赠行为偏好程度,当企业的慈善捐赠额支出比重较大时,表示该企业的慈善捐赠行为偏好度较高,反之亦然。这可以通过企业利润-慈善捐赠效用曲线的斜率表示出来。

从企业的效用曲线角度来研究企业的慈善捐赠行为偏好程度,以企业税后利润(N)-捐赠(G)效用曲线的斜率$-\mathrm{d}N/\mathrm{d}G$来表示企业的慈善捐赠行为偏好度。当$\mathrm{d}N/\mathrm{d}G=0$时为完全私利型企业,当$-\mathrm{d}N/\mathrm{d}G>0$时为部分私利型企业,当$\mathrm{d}N/\mathrm{d}G=\infty$时为完全公益型企业。当企业效用曲线较平坦时,企业的决策偏向于私利;企业效用曲线较陡峭时,企业的决策偏向于公益,对比见图4-1。

对于Cobb-Douglas函数$U=BN\alpha G\beta$,边际替代率$MRS=-\mathrm{d}N/\mathrm{d}G=\beta/\alpha(N/G)$;当企业税后利润$N$等于捐赠支出$G$时,边际替代率$MRS=\beta/\alpha$。当$\beta>\alpha$时,$MRS>1$,这时的企业为偏公益型;当$\alpha>\beta$时,

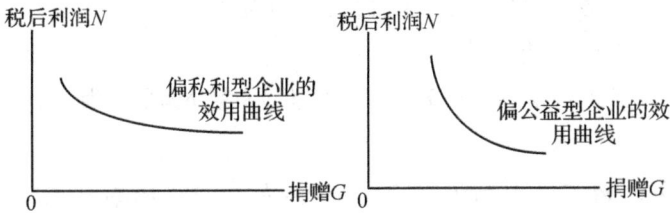

图 4-1 企业效用曲线对比图

$MRS<1$,这时的企业为偏私利型。

测度企业的慈善捐赠选择与税后利润选择之间可替代程度的变量是企业的利润-捐赠效用曲线的替代弹性 σ。

当 $\sigma=0$ 时,表示企业的利润和慈善捐赠是完全互补的;当 $\sigma>0$ 时,表示企业的利润和慈善捐赠是部分可替代的;当 $\sigma=\infty$ 时,表示企业的利润和慈善捐赠是完全可替代的。

以图 4-2 表示企业的利润和慈善捐赠效用曲线分别为完全替代型、互补型和部分可替代型的不同情况。

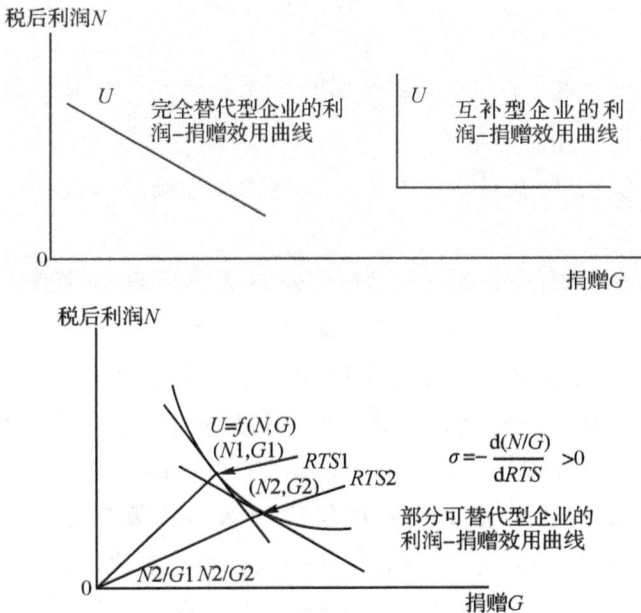

图 4-2 企业利润-捐赠效用曲线

但是我们知道,企业慈善捐赠行为有可能对企业的利润产生影响,我们将企业的效用函数重新表述如下:

设企业产品的销售量为 $Q(G)$,销售价格为 p,成本为 $C(G)$,利润为 N,捐赠为 G。

第一,在捐赠支出不超过扣除限额时,企业的效用为其捐赠和利润的函数,即 $U(G,N)=U\{G,(1-t)[pQ(G)-C(G)-G]\}$。对捐赠支出 G 求导,效用最大化的一阶条件为:$UG+(1-t)[pQG(G)-CG(G)-1]UN=0$,即 $UG/UN=(1-t)[1-pQG(G)+CG(G)]$。

当捐赠与 Q 和 C 不相关时,$QG(G)=CG(G)=0$,所以 $UG/Un=1-t$,即 $UG=(1-t)UN<UN$。

第二,在捐赠支出超过扣除,限额时,$U(G,N)=U\{G,(1-t)[pQ-C-\mu(pQ-C)]-G+\mu(pQ-C)\}$。

对捐赠支出 G 求导,效用最大化的一阶条件为:$UG+(1-t)[pQG(G)-CG(G)-\mu pQG(G)+\mu CG(G)-1+\mu pQG(G)-\mu CG(G)]UN=0$,即 $UG/UN=(1-t)[-pQG(G)+CG(G)]$。

当捐赠与 Q 和 C 不相关时,$QG(G)=CG(G)=0$,所以 $UG/UN=0$,即 $UG=0$。

以上分析说明,在企业的慈善捐赠不影响其销售和成本的条件下,当捐赠支出未超过扣除限额时,企业效用对慈善捐赠变化的敏感度低于对利润变化的敏感度;在慈善捐赠支出超过扣除限额时,企业效用对慈善捐赠变化的敏感度为 0。

我们将企业划分成偏私利型和偏公益型两大类,也就是将企业选择的慈善捐赠额小于其利润最大化时慈善捐赠额($Gmax$)的企业设定为偏私利型企业,将企业选择的慈善捐赠额大于其利润最大化时慈善捐赠额的企业设定为偏公益型企业。对于偏私利型企业,允许的税前扣除慈善捐赠比例应当设计得小一些,如选择 $\mu R(G)\leqslant Gmax$,即 $\mu\leqslant Gmax/R(G)$ 的 μ(这样可以防止一些企业利用税前扣除的政策规定来偷逃应缴税款)。对于偏公益型企业,允许的税前扣除慈善捐赠比例应当设计得大一些,如选择 $\mu R(G)>Gmax$,即 $\mu\geqslant Gmax/R(G)$ 的 μ,这样可以使得企业的慈善捐赠支出 G 适当增大。

李立清(2005)对我国 293 家企业进行的实证调查(企业社会责任评

价理论与实证研究)表明(见表 4-1、表 4-2),不同规模的企业履行的社会责任之间存在显著性差异,一般而言,企业规模越大,社会公益行为越多;归属不同所有制性质的企业履行的社会责任之间存在显著性差异,一般而言,公有制企业要比私有制企业有更多的社会公益行为。可见,企业履行社会责任状况与企业规模属性和所有制属性存在着显著相关性。

表 4-1　企业社会责任自评得分规模因素影响结构分析表

企业规模分类	特、大型企业			中型企业			小型企业		
	均值	标准差	标准差系数	均值	标准差	标准差系数	均值	标准差	标准差系数
社会公益行为	1.46	0.28	0.19	0.84	0.08	0.09	0.35	0.12	0.33

表 4-2　企业社会责任自评得分所有制因素影响结构分析表

企业所有制分类	公有制企业			非公有制企业		
	均值	标准差	标准差系数	均值	标准差	标准差系数
社会公益行为	0.87	0.21	0.24	0.75	0.10	0.13

因此,相关管理者根据企业发展的不同阶段,可以设计不同的相关税收捐赠政策,来对企业的行为进行调节,促进企业与社会的共同发展。

企业对慈善捐赠偏好的主观意愿与公益营销作用,对于税收捐赠政策有着一定的影响,见图 4-3。

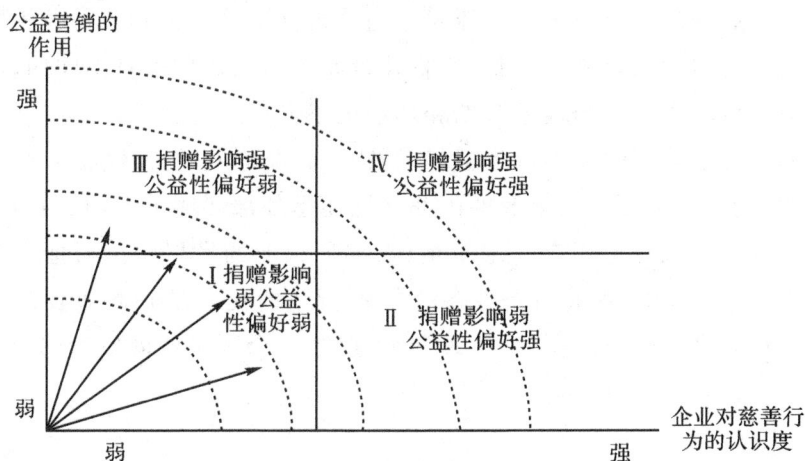

图 4-3　慈善认知与营销效应二维图

Ⅰ情形下企业的慈善捐赠对利润的影响弱且企业的公益性偏好程度弱。Ⅱ情形下企业的慈善捐赠对利润的影响弱且企业的公益性偏好程度强。Ⅲ情形下企业的慈善捐赠对利润的影响强且企业的公益性偏好程度弱。Ⅳ情形下企业的慈善捐赠对利润的影响强且企业的公益性偏好程度强。

在Ⅰ情形下,对企业慈善捐赠扣除限额比例可以规定得略低一些,因为在此情形下,企业对慈善捐赠的主观偏好度较弱,企业也缺少对公益营销的认识,这时较高的税收扣除使得企业有可能利用税收政策或管理的漏洞来筹划减少其纳税义务,较低的扣除限额规定可以防止企业发生逃避税收的行为。

在Ⅱ,Ⅲ两种情形下,对此类企业慈善捐赠扣除限额比例的规定应当提高一些,因为这时企业的慈善捐赠偏好度有所提高或企业对公益营销有了一定的认识,适当提高慈善捐赠扣除比例可能增加企业的捐赠额,同时也提高了企业的效用,而降低企业的捐赠扣除比例可能限制或降低企业的慈善捐赠意愿。

在Ⅳ情形下,企业的主观慈善意愿和公益营销的运用都处于较高水平,这时更应该放宽对企业慈善捐赠行为的扣除限制,增强企业和社会效用。

从企业内部来看,企业自身的发展阶段及特征影响了企业对慈善捐赠行为的认识及对公益营销的应用;从企业外部来看,社会公众对企业参与公益事业的认识也影响了企业对参与慈善活动的认识和公益营销的效果。在这些因素的影响下,相关税收政策所发挥的效用也是不同的,因此政策的制订和实施应当根据时期和环境的不同而进行调整。

但是社会公益事业不应当只被看作企业的责任,税收优惠应当是有限度的。目前,不论是从企业的内部环境还是外部环境来看,我国企业的发展与发达国家相比还有一定差距,大部分企业的发展阶段可能还只能算是处于阶段Ⅰ中,因此对企业慈善捐赠行为的税收鼓励政策还应保持适当可行,在实施中必须加强管理和审查,防止个别企业借机偷逃税款。

4.2 企业的策略

企业从不同的慈善捐赠方式中获得的税收收益或支出是不同的，从企业角度来看，企业的慈善捐赠策略应当成为企业整体经营战略的一个组成部分，下面我们对企业不同种类慈善捐赠策略的运用效益进行对比分析。

4.2.1 实物捐赠与现金捐赠

(1)关于现金捐赠方式

我国新《企业所得税法》第九条规定："企业发生的公益性捐赠支出，在年度利润总额12%以内的部分，准予在计算应纳税所得额时扣除。"由于企业慈善捐赠的扣除基数是企业的一个会计年度内的利润，这个数字必须在会计年度终了后才能计算出来，而慈善捐赠事项往往是在年度当中发生的，如果企业的慈善捐赠行为不量力而为，则企业有可能会因慈善捐赠而承担额外的税收。超过利润12%的部分，要做纳税调增，增加应纳税所得额。企业所得税按年计算，按季预缴。下面举例说明在预缴和汇算清缴时对公益性捐赠的所得税处理方法。

A企业于2014年5月通过政府民政部门进行现金捐赠100万元。A企业属于查账征收企业所得税形式，按税法规定应按季预缴企业所得税，年终汇算清缴。则A企业在2014年年终决算时应分别按企业实现利润总额情况来进行如下处理：

① 2014年，企业年终决算实现2014年会计利润1 000万元，假设没有其他纳税调整事项，2014年1到4季度累计缴纳企业所得税200万元。

按照前述12%的公益性、救济性捐赠扣除比例，计算得出：

A企业2014年可在税前扣除的公益性捐赠＝1 000万×12％＝120万元；

A企业2014年发生的公益性捐赠为100万元，小于可税前扣除公益性捐赠120万元，因此公益性捐赠100万元可全额扣除，不需要进行纳税调整；

A企业2014年应纳企业所得税额＝1 000万×25％＝250万元，减去已累计缴纳的企业所得税240万元，甲公司2014年度汇算清缴应补缴企业所得税 10 万元。

② 2014 年企业的年终决算实现会计利润 800 万元,假设没有其他纳税调整事项,2014 年 1 到 4 季度累计缴纳企业所得税 100 万元。

按照前述 12% 的公益性、救济性捐赠扣除比例,计算得出:

A 企业 2014 年可在税前扣除的公益性捐赠 = 800 万 × 12% = 96 万元;

A 企业 2014 年发生的公益性捐赠为 100 万元,大于可税前扣除公益性捐赠 96 万元,因此针对公益性捐赠 100 万元需要进行纳税调整,增加 4 万元;

A 企业 2014 年应纳企业所得税额 = (800 + 4) 万 × 25% = 201 万元。减去已累计缴纳的企业所得税 100 万元,A 企业 2014 年度汇算清缴应补缴 101 万元 (201 - 100)。

③ 2014 年企业的年终决算实现 2014 年会计利润 -50 万元,假设没有其他纳税调整事项,2014 年 1 到 4 季度累计缴纳企业所得税 2 万元。

依企业所得税法相关规定,企业可抵扣公益性、救济性捐赠的计算基数为企业当期实现的会计利润,因为 A 企业 2014 年的会计利润为 0,则 A 企业 2014 年可在税前扣除的公益性捐赠 = 0 × 12% = 0。

因此,公益性、救济性捐赠 100 万元需要进行纳税调增:

A 企业 2014 年应纳税所得额 = -50 + 100 = 50 万元;

A 企业 2014 年应缴纳企业所得税 = 50 万 × 25% = 12.5 万元;

减去 2014 年已累计缴纳的企业所得税 2 万元,则 A 企业应补交 10.5 万元 (12.5 - 2)。

(2)关于实物或者劳务捐赠方式

①实物捐赠方式。《中华人民共和国增值税暂行条例实施细则》第四条规定,单位或者个体工商户将自产、委托加工或者购买的货物无偿赠送他人,视同销售货物。假设某制药企业将其药品捐赠给灾区,这就要视同销售缴纳增值税,所得税方面规定还要视同销售缴纳所得税。

假设企业将市价 1 000 万元的药品进行了慈善捐赠,直接生产成本 100 万元,需要缴纳增值税 153 万元 [(1 000 - 100) × 17%];慈善捐赠支出的税前扣除受会计利润 12% 的限制;在计算所得税时,这批捐赠药品还需要视同销售缴纳所得税 225 万元 [(1 000 - 100) × 25%]。

②劳务捐赠方式。《中华人民共和国营业税暂行条例实施细则》第三条规定,所称提供应税劳务、转让无形资产或销售不动产,是指有偿提供应税劳务、有偿转让无形资产或者有偿转让不动产所有权的行为。提供免费食物不属于营业税所谓的有偿提供劳务,不征收营业税。但是《企业所得税法实施条例》第二十五条规定:"企业发生非货币性资产交换,以及将货物、财产、劳务用于捐赠、偿债、赞助、集资、广告、样品、职工福利或者利润分配等用途的,应当视同销售货物、转让财产或者提供劳务,但国务院财政、税务主管部门另有规定的除外。"因此,根据所得税法的规定,提供劳务需要视同销售缴税。

企业的公益性捐赠为实物或者劳务,在企业所得税的处理上都应按视同销售处理,但其发生的成本可以在计算企业所得税前扣除。

而流转税的处理则需分情况处理:

①企业捐赠应征收营业税的劳务。B企业属于应征收营业税的餐饮服务企业,该企业无偿为灾区群众提供食物,根据营业税相关规定,其不属于营业税所谓的有偿提供劳务,不征收营业税,但是按新《企业所得税法》规定,提供的劳务需要视同销售。即如果B企业提供一份套餐,日常销售价格为10元,成本5元,则按照现行税法规定,B企业尚需要对其提供的每份套餐确认5元(10-5)的利润,缴纳1.25元的企业所得税。对其中5元的成本,如果取得捐赠凭证,则可以并入捐赠总额,按照不高于企业当期实现会计利润的12%限额扣除。

②企业捐赠应征收增值税的自产产品。在赈灾中生产各类药品及帐篷等灾区急需物资的企业,都是日夜不停地生产,并向灾区免费提供,这类企业也为数不少。

如C企业向灾区捐赠100万元的帐篷,则其捐赠行为需要分别考虑增值税和企业所得税。因而,C企业对灾区的帐篷捐赠需要视同销售缴纳增值税与企业所得税,即:

C企业捐赠的100万元帐篷对外销售价为100万元,生产该批帐篷的原材料进价为30万元,则需要缴纳增值税11.9万元[(100-30)×17%]。

企业所得税捐赠扣除限额按当年实现的会计利润的12%来计算。同时,这批帐篷应按视同销售缴纳企业所得税17.5万元[(100-30)×25%]。(为简便计算,其他因素暂不考虑)

此外,对于提供给灾区免费使用的工程设备而产生的相关支出包括油费、过路过桥费等,如果取得捐赠凭证则并入捐赠总额,按照会计利润的12%限额扣除,如果无法取得捐赠凭证则属于与取得收入无关的支出不允许列支。由于其主体没有提供劳务,不涉及所得税。

（3）现金捐赠与实物捐赠的对比

现金捐赠与实物捐赠的对比情况如表 4-3 所示。对比实物捐赠和现金捐赠,当$(c+s)V<V$,即 $c+s<1$ 时,$(1-t)[R-(c+s)V]>(1-t)(R-V)$,从成本角度考虑,实物捐赠优于现金捐赠。当$(c+s)V>V$,即 $c+s>1$ 时,$(1-t)[R-(c+s)V]<(1-t)(R-V)$,从成本角度考虑,现金捐赠优于实物捐赠。

表 4-3　捐赠方式对比

	方案甲 （实物捐赠）	方案乙 （现金捐赠）	方案丙 （劳务捐赠）
捐赠前的所得税税前利润	R	R	R
捐赠的价值	V	V	V
捐赠形式	实物	现金	劳务
捐赠的成本（设 c 为单位成本率,$c \leqslant 1$）	cV	V	cV
扣除限额 （假设未超出限额规定）	全额	全额	全额
企业捐赠后的所得税税前利润（设增值税税率为 s）	$R-cV-sV$	$R-V$	$R-cV$
税后利润（设所得税税率为 t,$t<1$）	$(1-t)(R-cV-sV)=$ $(1-t)[R-(c+s)V]$	$(1-t)(R-V)$	$(1-t)(R-cV)$

由表 4-4 可见,如果从成本角度出发,对于小规模纳税人,当捐赠物品的单位成本率小于 97％时,宜采用实物捐赠的方式;对于低税率纳税人,当捐赠物品的单位成本率小于 87％时,宜采用实物捐赠的方式;对于一般的普通纳税人,当捐赠物品的单位成本率小于 83％时,则宜采用实物捐赠方式;对比劳务捐赠和现金捐赠,因为 $R-V<R-cV$,所以从成本角度考虑,劳务捐赠优于现金捐赠。

表4-4 基于成本的比较

当增值税税率 $s=3\%$ 时(小规模纳税人)	当增值税税率 $s=13\%$ 时(低税率纳税人)	当增值税税率 $s=17\%$ 时(普通纳税人)	从成本角度考虑的选择(c为单位成本率)
$c<97\%$	$c<87\%$	$c<83\%$	实物捐赠优于现金捐赠
$c>97\%$	$c>87\%$	$c>83\%$	现金捐赠优于实物捐赠
$c=97\%$	$c=87\%$	$c=83\%$	现金捐赠等同实物捐赠

对比实物捐赠和劳务捐赠,$R-cV-sV< R-cV$(因为 $0<s\leqslant1$),所以从成本角度考虑,劳务捐赠优于实物捐赠。不同方案下,企业因慈善捐赠行为所承担的实际支出不同,这对于理性的决策者而言是应当考虑的因素。当企业的一项支出发生时,与之相关的一些伴随性支出往往是企业容易忽视的一个因素,当伴随性支出比例不高时,通常不会误导决策者的决策;而当这项伴随性支出比例达到一定程度时,决策者如果还无视它的存在,往往就会做出非理性的决策。

我国企业所得税法及其实施条例中规定符合下列条件的企业为小型微利企业:一是工业企业,年度应纳税所得额不超过30万元,从业人数不超过100人,资产总额不超过3 000万元;二是其他企业,年度应纳税所得额不超过30万元,从业人数不超过80人,资产总额不超过1 000万元。小型微利企业的适用税率为20%,这样对年应纳税所得额较小的企业,一方面可以通过公益性捐赠提高社会声誉;另一方面通过公益性、救济性捐赠的税前扣减,其年应纳税所得额可以适用较低的税率。

当企业通过捐赠后满足了小型微利企业的条件时,企业的所得税适用税率将由25%下降为20%,这时不同捐赠方式对企业利润的影响对比如表4-5所示。

表4-5 所得税情况下的比较

	企业的所得税适用税率	税后利润
不捐赠	25%	$(1-0.25)R=0.75R$
现金捐赠	20%	$(1-0.2)(R-V)$
实物捐赠	20%	$(1-0.2)(R-cV-sV)$

假设企业在未捐赠时其所得税适用税率为 25%，税后利润就是 $0.75R$；当其进行慈善捐赠后其所得税适用税率下降为 20%，它的税后利润将依据其选择的捐赠方式是实物捐赠还是现金捐赠而不同，分别为 $0.8(R-cV-sV)$ 或 $0.8(R-V)$。

对比企业不捐赠和现金捐赠这两种不同方式，如果企业不捐赠，其适用税率为 25%，税后利润为 $0.75R$；通过现金慈善捐赠，它可将税率下降到 20%，税后利润将是 $0.8(R-V)$，当 $V<0.0625R$ 时，通过现金捐赠的企业的税后利润将比不捐赠多。因此，当企业采用不大于其原有利润额的 6.25% 部分的现金进行捐赠支出时，可以使得其所得税适用税率由 25% 下降为 20%，因而该捐赠支出对企业来说是有利可图的。

对比实物捐赠和现金捐赠，当 $c+s<1$ 时，实物捐赠优于现金捐赠；反之亦然。如表 4-4 所示，当企业为增值税一般纳税人时，其增值税税率 $s=17\%$，这时若捐赠物品的单位成本率小于 83%，实物捐赠方式优于现金捐赠方式，这说明企业还可以采用实物捐赠的方式来进一步优化其慈善捐赠策略。

4.2.2　不同捐赠渠道的影响

(1)直接捐赠与间接捐赠

直接捐赠指企业直接将捐赠款或物品及劳务等提供给受赠方的行为。间接捐赠指企业通过公益组织将捐赠款或物品及劳务等提供给受赠方的行为。间接捐赠方式有两种类型：①通过他设公益组织捐赠。一是通过公共机构捐赠，二是通过会员机构捐赠。在我国，通过非营利公益组织进行捐赠是目前最主要的间接捐赠方式。②通过自设公益组织捐赠。企业自行设立公益基金会并通过公益基金会捐赠。如腾讯公司通过自己设立的腾讯公益基金会捐款捐物等。

符合条件的非营利公益组织实质上为免税的单位，如某企业创办这种公益性质的基金会，在实际中可以进行调控。假设企业当前捐赠 1 000 万元，可以先由母企业将该笔资金以借款形式提供给基金会，等到年底会计利润出来后再进行处理。如果当年会计利润达到 1 亿元，则将借款全部作为捐赠；如果当年会计利润为 5 000 万元，则可以将借款中的 600 万元作为捐赠（因扣除限额为 5 000 万×12% = 600 万元），而剩余的继续作为借款,待以后年度处理。而在企业没有自设公益组织的情况下,就有可能出现企业进行了公益捐赠但无法享受到税前扣除政策的情况。

虽然设立公益基金会进行捐赠这种方式可以使捐赠企业在提高社会效用的同时达到捐赠成本最低,但在实际中这样的操作难度较大。一是我国《企业所得税法实施条例》规定了符合条件的非营利组织的9个条件,基金会必须同时符合这9个条件才能得到免税资格。二是基金会的成立需要符合规定的程序。三是受基金管理的限制。并且企业资金的用途、使用时间、票据的开具等,也受到约束和限制。

(2)企业捐赠与个人捐赠

对于私营企业而言,企业的利润需要缴纳企业所得税;对于个人而言,个人所得需要缴纳个人所得税。因此,企业捐赠方式与个人捐赠方式对投资者的个人收益产生的影响是不同的。设企业的税前利润为 R,企业所得税税率为 $t1$,捐赠的扣除限额比例为 $\mu1$,个人所得税税率为 $t2$,个人捐赠的扣除限额比例为 $\mu2$,捐赠金额为 G(以下仅讨论现金捐赠方式)。对于企业获得的税前利润 R,在考虑企业慈善捐赠支出时,扣除限额为 $\mu1R$,在考虑投资者以个人名义捐赠时,企业的可分配利润为 $R(1-t1)$,因此扣除限额为 $\mu2R(1-t1)$。对于捐赠支出 G,根据其与扣除限额的比较,可分成以下四种情况:

①条件, $G<\min[R\mu1,R(1-t1)\mu2]$;

②条件, $R\mu1<G<R(1-t1)\mu2$;

③条件, $R(1-t1)\mu2<G< R\mu1$;

④条件, $G>\max[R\mu1,R(1-t1)\mu2]$。

在①条件成立时,由于 $(R-G)(1-t1)(1-t2)-[R(1-t1)-G](1-t2)=Gt1(1-t2)>0$,所以企业捐赠方式优于个人捐赠方式,具体如表4-6所示。

表4-6　①条件下不同名义的捐赠比较

	以企业名义捐赠 G	以个人名义捐赠 G
利润分配前的税后收益	$(R-G)(1-t1)$	$(R-G)t1$
利润分配后的税后收益	$(R-G)(1-t1)(1-t2)$	$[R(1-t1)-G](1-t2)$

在②条件成立时,捐赠金额超出企业所得税规定的限额,因此计算如

表 4-7 所示。由于 $[R(1-t1)-G+R\mu 1t1](1-t2)-[R(1-t1)-G](1-t2)=R\mu 1t1(1-t2)>0$，所以这时企业捐赠方式优于个人捐赠方式。

表 4-7 ②条件下不同名义的捐赠比较

	以企业名义捐赠 G	以个人名义捐赠 G
利润分配前的税后收益	$R(1-t1)-G+R\mu 1t1$	$R(1-t1)$
利润分配后的税后收益	$[R(1-t1)-G+R\mu 1t1](1-t2)$	$[R(1-t1)-G](1-t2)$

在③条件成立时，捐赠金额超出个人所得税规定的限额，计算如表 4-8 所示。

表 4-8 ③条件下不同名义的捐赠比较

	以企业名义捐赠 G	以个人名义捐赠 G
利润分配前的税后收益	$(R-G)(1-t1)$	$R(1-t1)$
利润分配后的税后收益	$(R-G)(1-t1)(1-t2)$	$[R(1-t1)-G]-R(1-t1)t2$ $+R(1-t1)\mu 2t2$

此时，$(R-G)(1-t1)(1-t2)-[R(1-t1)-G]-R(1-t1)t2+R(1-t1)\mu 2\ t2=R(1-t1)\mu 2\ t2-(1-t1)t2\ G-t1G<G\ t2-(1-t1)t2\ G-t1G$，因为已知 $[R(1-t1)\mu 2<G]=(t2-1)\ t1G<0$，所以这时个人捐赠方式优于企业捐赠方式。

在④条件成立时，计算如表 4-9 所示。

表 4-9 ④条件下不同名义的捐赠比较

	以企业名义捐赠 G	以个人名义捐赠 G
利润分配前的税后收益	$R(1-t1)-G+R\mu 1t1$	$R(1-t1)$
利润分配后的税后收益	$[R(1-t1)-G+R\mu 1t1](1-t2)$	$[R(1-t1)-G]-R(1-t1)t2+$ $R(1-t1)\ \mu 2t2$

此时，$[R(1-t1)-G+R\mu 1\ t1](1-t2)-[R(1-t1)-G]-R(1-t1)t2+R(1-t1)\ \mu 2\ t2=Gt2+R\mu 1\ t1(1-t2)-R\ (1-t1)\ \mu 2\ t2$；

$Gt2+R\mu 1\ t1(1-t2)-G\ t2$。因为已知 $G>R(1-t1)\mu 2=R\mu 1\ t1(1-t2)>0$，所以这时企业捐赠方式优于个人捐赠方式。上述讨论可总结如表 4-10 所示。

表 4-10　总结表

慈善捐赠 G	以企业名义捐赠	以个人名义捐赠
①$G<\min[R\mu1,R(1-t1)\mu2]$	√	
②$R\mu1<G<R(1-t1)\mu2$	√	
③$R(1-t1)\mu2<G<R\mu1$		√
④$G>\max[R\mu1,R(1-t1)\mu2]$	√	

我国新《企业所得税法》规定的税率为 25%（亦即 $t1=0.25$）,《中华人民共和国个人所得税法》中规定个人分得的红利所得需要按 20% 的税率缴纳个人所得税（亦即 $t2=0.2$）。企业慈善捐赠的税前扣除限额比例目前规定为 12%（$\mu1=0.12$）,个人捐赠的税前扣除限额比例规定为 30%（$\mu2=0.3$）。

由上可知:$R\mu1=0.12R,R(1-t1)\mu2=R(1-0.25)\times0.3=0.225R$。

由于 $R(1-t1)\mu2=0.225R$ 大于 $R\mu1=0.12R$,因此情形③不可能出现。这说明不管捐赠额是多少,一般而言,企业捐赠方式优于个人捐赠方式。

4.3　跨期选择影响

假设慈善捐赠对产出的影响是跨时期的,即慈善捐赠可以给企业带来好的名誉而且持续数年。Clotfelter(1985)提出了利润最大化假设下的两时期模型。企业的收入受慈善捐赠影响,设 h 为贴现率,企业的慈善捐赠额 $G=G1+G2$（$G1$ 为时期Ⅰ的慈善捐赠,$G2$ 为时期Ⅱ的慈善捐赠）,则 2 年的净利润的现值为:$V=[rQ(X1,G)-sX1-G](1-t1)+h[rQ(X2,G)-sX2-G](1-t2)$。其中,$Q(X,G)$ 为生产函数,G 为慈善捐赠额,X 为其他投入,t 为边际税率,r 为销售价格,s 为 X 的价格,设慈善捐赠可在税前完全扣除。

当企业选择在时期Ⅰ捐赠,净支出为 $(1-t1)G$;当企业选择在时期Ⅱ捐赠,净支出现值为 $h(1-t2)G$,捐赠的净价格为 $P=1-t$。如果 $hP2<P1$,即 $h(1-t2)<(1-t1)$,那么就应该选择时期Ⅱ捐赠。因此,Clotfelter(1985)得出的结论是,如果捐赠对企业利润的影响是跨时期的,

利润最大化的实现取决于不同时期边际税率的大小。

　　而在效用最大化假设下，管理者会因慈善捐赠而放弃一部分利润，此时，由于捐赠的存在，管理者选择的利润最大化点由 G1 移动至 G2，具体如图 4-4 所示。

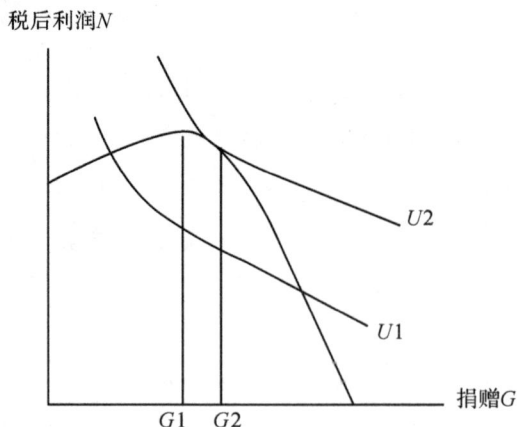

图 4-4　跨期选择的影响

　　在效用最大化模型下，假设企业可在不同年度做出不同数量的慈善捐赠，则企业的效用最大化要求为 $\mathrm{Max}:Et\{\sum\infty s-t\beta s-tU(Gs,Rs)\}$，使得 $Rt-Gt-Tt(Rt,Gt)+(1+rt)Wt=Wt+1$。（江希和，2007）其中，$t$ 代表时期，Et 代表在时点 t 时的预期效用，R 代表税前利润，G 代表慈善捐赠额，β 代表贴现率，Wt 代表 t 时期的初始财富，r 代表利率，$Tt(Rt,Gt)$ 代表税收函数。

第 5 章　企业慈善捐赠与税收政策关系的实证研究

5.1　变量的设定

对于一个追求利润最大化的企业而言,进行慈善捐赠可能的理由是增加收入和降低成本。(Clotfelter,1985)关于增加收入,Andrews(1952)在总结前人的观点时提到,"企业捐赠的好处是可以树立良好形象,扩大产品的宣传和影响,增强产品的公众认可度";关于降低成本,Schwartz(1968)论证到,企业慈善捐赠可以改善社区环境,降低人员成本或研发成本。相比 Clotfelter(1985)的利润最大化模型,Navarro(1988)更侧重通过税收对企业慈善捐赠的影响来说明企业捐赠的动机,而 Clotfelter(1985)则重点考察税收政策对企业慈善捐赠的影响。就模型本身而言,Navarro(1988)的模型考虑的因素更全面,对企业的慈善捐赠行为更具解释力。尽管 Clotfelter(1985)认为,税收对企业慈善捐赠的影响具有持久效应,但企业慈善捐赠的经理人效用最大化模型在本质上反映的是经理人受企业利润约束的个人捐赠。按照个人捐赠的相关理论,大量的研究表明,税收对个人捐赠的长期影响和短期影响是不一致的。(Randolph,1995;Auten,2002)那么,企业慈善捐赠对税收政策的短期反应和长期反应是否一致呢?现有理论无法完全解释这个问题。

基于前述的理论分析,我们看到,在企业利润、慈善捐赠、税收之间可以存在如图 5-1 所示的关系。

很多学者已经总结和归纳了影响企业慈善捐赠的各种动因(徐雪松,2007),为进一步揭示不同类型企业对相关税收政策变动的反应差别,以及企业慈善捐赠对税收政策变动的敏感度,我们对一些企业进行了调查,

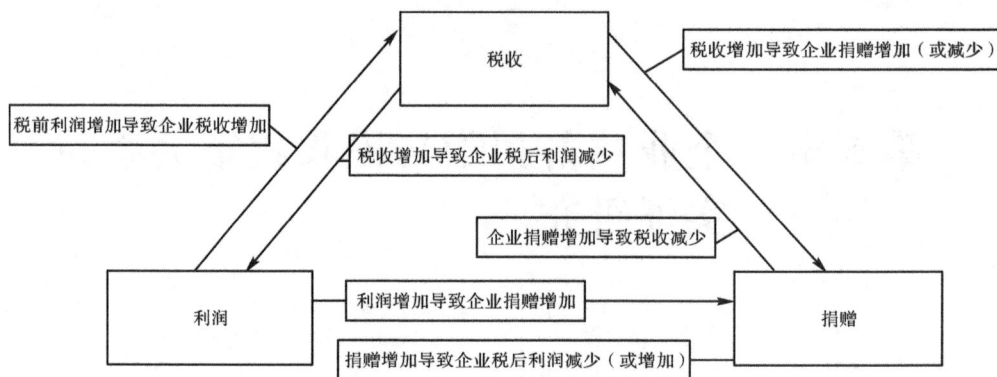

图 5-1　企业利润、慈善捐赠与税收关系图

并对数据进行了分类汇总。将各种指标根据企业内部属性特征分为经济性质、所属行业、产品销售范围和所处成长阶段,根据企业的经济属性分为销售收入、利润、资产负债率和广告费用率等,如图 5-2 所示。

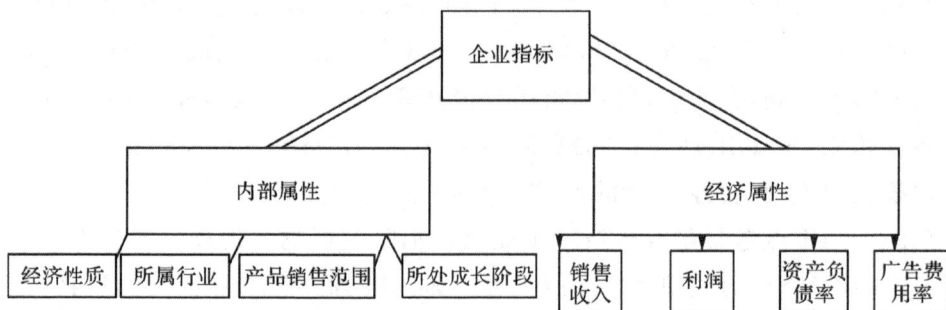

图 5-2　企业指标

5.1.1　被解释变量

根据第 2 章和第 3 章对企业慈善捐赠影响因素的分析,考虑到相关数据的可得性,本部分将本书研究的被解释变量定义为企业的慈善捐赠与税收政策的相关度和企业的慈善捐赠支出两个方面。

慈善捐赠与税收政策的相关度指标包括政策相关性影响,税前扣除政策和税收负担率影响两方面。政策相关性以"企业慈善捐赠活动与国家的税收政策相关性"来衡量,取值范围为"0"或"1","0"表示"无关","1"表示"相关"。税前扣除政策和税收负担率影响:对于盈利企业,重点考察提高所得税税前扣除限额和提高所得税税收负担率的影响,采用"提高所得税税前扣除限额对企业慈善捐赠的影响"和"提高所得税的税收负担率对企业慈善捐赠的影响"两项指标,取值范围为 1～3,"1"表示"增加","2"表示"减少","3"表示"不变"。对于亏损企业,重点考查亏损结转扣除的影响,采用"允许前向结转扣除对企业慈善捐赠的影响"和"允许后向结转扣除对企业慈善捐赠的影响"两项指标,取值范围为 1～3,"1"表示"增加","2"表示"减少","3"表示"不变"。

指标口径如表 5-1 所示。

表 5-1　慈善捐赠与所得税关系

企业慈善捐赠活动与国家的税收政策相关性	盈利企业		亏损企业		取值设定
	提高所得税税前扣除限额对企业慈善捐赠的影响	提高所得税的税收负担率对企业慈善捐赠的影响	允许前向结转扣除对企业慈善捐赠的影响	允许后向结转扣除对企业慈善捐赠的影响	
无关	/	/	/	/	0
相关	增加	增加	增加	增加	1
/	减少	减少	减少	减少	2
/	不变	不变	不变	不变	3

企业的慈善捐赠支出的数据为企业的年度慈善捐赠支出额。

5.1.2　解释变量

解释变量包括企业的经济性质、所属行业、产品销售范围、所处成长阶段、销售收入、销售利润率、税收价格、资产负债率、广告费用率。企业的经济性质分为国有企业、民营企业和外资企业,分别用 0～2 表示,"1"表示"国有企业","2"表示"民营企业","0"表示"外资企业"。企业所属行业分为制造业,电力、燃气及水的生产和供应业,建筑、交通运输、仓储和邮政业,信息传输、计算机服务和软件业,批发和零售业,住宿和餐饮业,金融业,房地产业,租赁和商务服务业,文化、体育和娱乐业,其他,共 11 类,分别用 0～10 表示,"1"表示"制造业","2"表示"电力、燃气及水的生产和供应业","3"表示"建筑、交通运输、仓储和邮政业","4"表示"信息传输、计算机服务和软件业","5"表示"批发和零售业","6"表示"住宿和餐饮业","7"表示"金融业","8"表示"房地产业","9"表示"租赁和商务服务业","10"表示"文化、体育和娱乐业","0"表示"其他"。企业产品销售范围分为本地(市),本省,全国,国内和国外,分别用0~3表示,"1"表示"本地(市)","2"表示"本省","3"表示"全国","0"表示"国内和国外"。企业所处成长阶段分为初创期、成长期、成熟期和衰退期,分别用0~3表示,"1"表示"初创期","2"表示"成长期","3"表示"成熟期","0"表示"衰退期"。

解释变量的指标口径如表5-2所示。

表5-2　解释变量指标口径

经济性质	所属行业	产品销售范围	成长阶段	取值设定
外资企业	其他	国内和国外	衰退期	0
国有企业	制造业	本地(市)	初创期	1
民营企业	电力、燃气及水的生产和供应业	本省	成长期	2
/	建筑、交通运输、仓储和邮政业	全国	成熟期	3
/	信息传输、计算机服务和软件业	/	/	4
/	批发和零售业	/	/	5
/	住宿和餐饮业	/	/	6
/	金融业	/	/	7
/	房地产业	/	/	8
/	租赁和商务服务业	/	/	9
/	文化、体育和娱乐业	/	/	10

销售收入为企业2003年至2012年的分年度销售收入。

销售利润率为企业2003年至2012年的分年度利润总额除以销售收入。

税收价格=1-企业的实际所得税税负率,其中企业的实际所得税税负率=企业年度实际缴纳的所得税税额除以企业的年度利润总额。

资产负债率为企业的各年度年末负债除以年末资产。

广告费用率为企业的年度广告支出除以年度销售收入。

5.2 数据的收集和处理方法

数据的收集来自两个方面:①定性指标分析(发放调查表并回收);②定量指标分析(税务部门数据库)。

笔者共计发放调查问卷1 200份,回收有效问卷414份,回收有效率为34.5％。我们对这414家企业的反馈信息进行了汇总,该部分数据主要用来研究不同类型企业对相关税收政策反应的差异,由于主要涉及定性指标,处理方法上选用对数线性回归模型。

定量指标分析方面是通过企业在税务部门的申报信息来进行分析的。具体指标包括企业的销售收入、利润总额、资产、负债、慈善捐赠支出等。笔者选取了828家无锡地区的企业在2003—2012年间的数据[①](其中少量数据有缺项,但不影响回归处理),时间跨度为9年,有效观察值1 205个,处理方法上采用最小二乘法进行回归分析,通过对各种指标的回归计算对比,筛选出较优的回归模型为:捐赠＝f(销售收入,销售利润率,税收价格,资产负债率)。由于不同企业的反应行为有可能存在较大的差异,为反映不同企业之间的差异性,笔者从828家企业中筛选39家数据完整的企业,采用固定效应模型进行分析,并将回归结果与前一方法得出的结论进行对比验证,得出了基本一致的结论。

5.3 企业慈善捐赠与税收政策关联性的实证分析

5.3.1 对定性指标的分析

Johnson(1966)调查研究了产业结构和经营业绩对企业慈善捐赠行为的影响,得出的结论为,税前利润是企业决定慈善捐赠行为的最重要的因素,Leclair et al.(2000)的实证分析也得出了同样的结论。Useem(1988)认为,与公众接触较多的行业如保险、零售、旅馆业的慈善捐赠水

---

① 问卷分两次进行,进行了数据补充。

平要高于采矿、建筑业等与公众接触较少的行业。Stephen et al.(2006)对英国 FTSE 指数中的 650 只样本股进行了研究,取得了 334 家公司的数据,并以此为依据分析了企业的组织透明度、行业性质等因素对企业慈善捐赠支出的影响程度。他们发现,组织透明度与企业慈善捐赠支出是正相关的,组织透明度和企业规模对企业慈善捐赠的影响程度相近,行业性质对企业的慈善捐赠行为有重要影响,资源型行业中的企业慈善捐赠额要多于基础性行业中的企业。Campbell et al.(2006)认为,社会公众对公司的感知程度(public visibility)是影响企业慈善捐赠行为水平高低的重要因素。但 Mcelroy et al.(1985)认为,企业规模与企业慈善捐赠行为水平有正相关性。Matin(1985)通过对加拿大企业的调研发现,大企业进行慈善捐赠行为的概率较高,而小企业的捐赠力度(捐赠金额占税前收入的比例)要大于大企业。目前,国内对企业慈善捐赠税收政策的经济分析较少,其中曹洪彬(2006)以福建省 2004 年发生慈善捐赠行为的数百家公司为研究对象,考察了这些公司的慈善捐赠支出与捐赠价格、公司利润及政府支出等因素的关系,得出企业利润水平对企业慈善捐赠支出的影响不显著,政府支出和捐赠价格对企业慈善捐赠支出影响显著的结论。除此之外,以往我国大部分的研究主要是归纳总结相关政策或文献,并侧重讨论企业慈善捐赠扣除限额的大小和方式对企业慈善捐赠行为的影响。(朱为群,2002;樊丽明等,2008;孙群等,2006;江希和,2007)由此可见,国内的研究尚处于起步阶段,对如企业慈善捐赠的价格弹性、收入弹性等重要领域涉及较浅,尤其是针对具体企业数据进行的经验研究更是屈指可数。因此,基于上述理论分析,本书提出以下假设。

H1:经济性质不同的企业对与慈善捐赠有关的税收政策的反应有明显差异。

H2:所属行业不同的企业对与慈善捐赠有关的税收政策的反应有明显差异。

H3:产品销售范围不同的企业对与慈善捐赠有关的税收政策的反应有明显差异。

H4:成长阶段不同的企业对与慈善捐赠有关的税收政策的反应有明显差异。

本书对于 A(企业分类)、B(政策相关度)两因素的二维交叉列联表,计算各因素水平的出现频数,取对数后形成双因素方差分析结构。

首先,从总体上判断不同分类与税收政策的相关性,分别就企业经济性质与税收政策相关性构造 3×2 水平方差分析,就所属行业与税收政策相关性构造 11×2 水平方差分析,就产品销售范围与税收政策相关性构造 4×2 水平方差分析,就所处成长阶段与税收政策相关性构造 4×2 水平方差分析。

其次,判断不同分类与具体税收政策(税率、扣除及结转等)的相关度,分别就企业经济性质与税率相关性构造 3×3 水平方差分析,就企业经济性质与扣除相关性构造 3×3 水平方差分析;就所属行业与税率相关性构造 11×3 水平方差分析,就所属行业与扣除相关性构造 11×3 水平方差分析;就产品销售范围与税率相关性构造 4×3 水平方差分析,就产品销售范围与扣除相关性构造 4×3 水平方差分析;就所处成长阶段与税率相关性构造 4×3 水平方差分析,就所处成长阶段与扣除相关性构造 4×3 水平方差分析。

对于不同的方差分析结果,考察各因素的主效应和交互效应,对各因素的主效应进行比较,再根据主效应参数值 α_i 和 β_j 的正负和大小来判断相关度的方向和大小。对调查数据的汇总如下:

(1)企业经济性质分类

企业不同经济性质的分类数据见表 5-3。

表 5-3　企业性质分类

频数	企业性质	企业慈善捐赠活动与国家的税收政策相关与否("0"表示"不相关","1"表示"相关")
6	国有企业	0
23	民营企业	0
81	外资企业	0
17	国有企业	1
114	民营企业	1
168	外资企业	1

运用 SPSS 18.0 进行计算(如上所述,企业经济性质上,"1"代表"国有企业","2"代表"民营企业","0"代表"外贸企业";相关度上,"1"代表

"相关","0"代表"不相关"),得出对数线性模型的估计值如表 5-4 所示。

表 5-4   对数线性模型的估计值

参数估计值							
效果	参数	估计	标准误	Z	Sig.	95% 置信区间	
						下限	上限
经济性质 * 相关度	1	−0.207	0.433	−0.704	0.622	−0.445	0.370
	2	−0.177	0.336	−0.317	0.877	−0.524	0.310
经济性质	1	−1.268	0.433	−6.482	0.000	−2.026	−1.511
	2	0.335	0.336	4.828	0.000	0.468	0.601
相关度	1	−0.556	0.322	−4.273	0.000	−0.695	−0.617

为唯一地估计参数,系统已强行限定同一分类变量的各水平参数之和为零,根据表 5-4 的结果可推得各参数值为:α 国有企业 $=-1.268$,α 民营企业 $=0.335$,α 外资企业 $=0-0.335+1.268=0.933$,β 无关 $=-0.556$,β 相关 $=0.556$。β 相关为正说明,接受调查的企业多数认为税收政策与慈善捐赠的相关性是存在的;α 外资企业 $>\alpha$ 民营企业 $>\alpha$ 国有企业,说明外资企业对政策的反应程度高于民营企业,民营企业对政策的反应程度高于国有企业,其中外资企业对政策的反应程度最强。

利用同样方法可知,对于提高税前扣除限额,不同经济性质的企业反应程度的估计值依次为外资企业 0.828,民营企业 0.393,国有企业 −1.221(具体参数的估计值见附表 2),同样是外资企业反应最强。

对于提高税率,不同经济性质的企业反应程度的估计值依次为外资企业 1.033,民营企业 0.457,国有企业 −1.490,外资企业的反应程度高于民营企业,民营企业又高于国有企业(具体参数的估计值见附表 3)。

对于允许亏损前向结转扣除,不同经济性质的企业反应程度的估计值依次为外资企业 1.269,民营企业 0.697,国有企业 −1.566(具体参数的估计值见附表 4)。对于允许亏损后向结转扣除,不同经济性质的企业反应程度的估计值依次为外资企业 0.777,民营企业 0.564,国有企业 −1.541(具体参数的估计值见附表 5)。相关度参数估计值汇总如表 5-5 所示。

表 5-5 相关度参数估计值

参数估计值	税收政策的相关度	税前扣除	税率	前向结转	后向结转
总体相关性	0.4567＞0				
外资企业	1.433	0.828	1.033	1.269	0.777
民营企业	0.635	0.393	0.457	0.697	0.564
国有企业	−1.668	−1.221	−1.490	−1.566	−1.541

（2）企业所属行业的分类

企业所属行业的分类数据见表5-6。

表 5-6 行业分类数据

频数	所属行业	企业慈善捐赠活动与国家的税收政策相关性（"0"表示"不相关"，"1"表示"相关"）
162	制造业	0
5	电力、燃气及水的生产和供应业	0
2	建筑、交通运输、仓储和邮政业	0
48	信息传输、计算机服务和软件业	0
15	批发和零售业	0
0	住宿和餐饮业	0
2	金融业	0
12	房地产业	0
1	租赁和商务服务业	0
2	文化、体育和娱乐业	0
12	其他	0
47	制造业	1
2	电力、燃气及水的生产和供应业	1
8	建筑、交通运输、仓储和邮政业	1
2	信息传输、计算机服务和软件业	1
21	批发和零售业	1
0	住宿和餐饮业	1
1	金融业	1

续　表

频数	所属行业	企业慈善捐赠活动与国家的税收政策相关性（"0"表示"不相关"，"1"表示"相关"）
13	房地产业	1
1	租赁和商务服务业	1
1	文化、体育和娱乐业	1
22	其他	1

运用 SPSS 18.0 进行计算（如上所述，所属行业用"1"代表"制造业"，"2"代表"电力、燃气及水的生产和供应业"，"3"代表"建筑、交通运输、仓储和邮政业"，"4"代表"信息传输、计算机服务和软件业"，"5"代表"批发和零售业"，"6"代表"住宿和餐饮业"，"7"代表"金融业"，"8"代表"房地产业"，"9"代表"租赁和商务服务业"，"10"代表"文化、体育和娱乐业"，"0"代表"其他"），得出对数线性模型的估计值如表 5-7 所示。

表 5-7　对数线性模型的估计值

效果	参数	估计	标准误	Z	Sig.	95% 置信区间	
						下限	上限
所属行业 * 相关度	1	0.586	0.250	3.340	0.101	0.292	0.879
	2	0.349	0.560	0.642	0.688	−0.552	1.251
	3	−0.468	0.468	−1.444	0.223	−1.190	0.253
	4	1.586	0.497	3.839	0.100	0.807	2.365
	5	−0.447	0.302	−1.621	0.185	−0.643	0.148
	6	−0.074	0.638	−0.224	0.846	−1.129	0.980
	7	−0.174	0.638	−0.224	0.846	−1.129	0.980
	8	−0.224	0.340	−0.417	0.705	−0.695	0.446
	9	−0.274	0.638	−0.224	0.846	−1.129	0.980
	10	−0.274	0.638	−0.224	0.846	−1.129	0.980

参数估计值

续　表

效果	参数	估计	标准误	Z	Sig.	95％ 置信区间	
						下限	上限
	1	2.911	0.250	18.853	0.100	2.617	3.204
	2	−0.716	0.560	−1.674	0.176	−1.617	0.186
	3	−0.234	0.468	−0.807	0.464	−1.056	0.488
	4	0.421	0.397	1.159	0.390	−0.258	1.300
所属行业	5	1.303	0.302	6.059	0.100	0.907	1.698
	6	−1.339	0.638	−2.204	0.121	−2.194	−0.085
	7	−1.139	0.638	−2.204	0.121	−2.194	−0.085
	8	0.757	0.340	2.835	0.106	0.286	1.227
	9	−1.139	0.638	−2.204	0.121	−2.194	−0.085
	10	−1.139	0.638	−2.204	0.121	−2.194	−0.085

参数估计值中，较高的有信息传输、计算机服务的软件业 1.586，制造业 2.911，批发和零售业 1.303，这说明从事这 3 个行业的企业对政策的反应程度较高。对于企业慈善捐赠行为增加税前可扣除限额、调整税率、调整税前扣除可结转政策的反应程度最高的是制造业企业（具体参数的估计值见附表 6 至附表 9）。相关度参数估计值汇总如表 5-8 所示。

表 5-8　相关度参数估计值

参数估计值	税收政策的相关度	税前扣除	税率	前向结转	后向结转
制造业	2.711	2.023	2.634	2.214	2.232
电力、燃气及水的生产和供应业	−0.716	−0.126	−0.276	−0.387	−0.399
建筑、交通运输、仓储和邮政业	−0.234	−0.466	−0.388	−0.387	−0.399
信息传输、计算机服务和软件业	0.521	−0.184	−0.388	−0.387	−0.229

续　表

参数估计值	税收政策的相关度	税前扣除	税率	前向结转	后向结转
批发和零售业	1.303	0.686	0.791	0.832	0.895
住宿和餐饮业	−1.139	−0.466	−0.558	−0.387	−0.399
金融业	−1.139	−0.466	−0.388	−0.387	−0.399
房地产业	0.757	0.249	0.101	0.412	0.26
租赁和商务服务业	−1.139	−0.466	−0.558	−0.387	−0.399
文化、体育和娱乐业	−1.139	−0.466	−0.558	−0.387	−0.399
其他	1.114	0.582	0.488	0.151	0.136

（3）按不同产品销售范围划分

表 5-9 体现的是不同产品销售范围的企业与税收政策的相关度（如上文所述，用"1"代表"产品在本地（市）销售"，"2"代表"产品在本省销售"，"3"代表"产品在全国销售"，"4"代表"产品在国内和国外销售"）。

表 5-9　对于政策的相关度：参数估计值

效果	参数	估计	标准误	Z	Sig.	95% 置信区间	
						下限	上限
产品销售范围 * 相关度	1	−0.150	0.212	−0.349	0.753	−0.171	0.270
	2	0.211	0.258	0.802	0.582	−0.099	0.520
	3	−0.133	0.193	−0.258	0.820	−0.116	0.249
产品销售范围	1	−0.150	0.212	−2.128	0.126	−0.370	−0.130
	2	−1.055	0.258	−7.215	0.100	−1.365	−0.746
	3	0.501	0.193	4.400	0.100	0.318	0.684

注：上述的"4"因无法做出严谨的推导，所以放弃对它的探讨。

该参数估计值分别为本地（市）−0.150，本省−1.055，全国 0.501，国内和国外 1.104。对于企业慈善捐赠行为增加税前可扣除限额、调整税负率、调整税前扣除可结转政策的反应程度最高的是跨国经营企业（具体参数的估计值见附表 10 至附表 13）。相关度参数估计值汇总如表5-10所示。

表 5-10　相关度参数估计值

参数估计值	税收政策的相关度	税前扣除	税率	前向结转	后向结转
本地(市)	−0.150	−0.096	−0.2	−0.385	−0.335
本省	−1.055	−0.763	−1.037	−0.522	−0.436
全国	0.501	0.378	0.549	0.428	0.313
国内和国外	1.104	0.881	1.088	0.879	0.858

从表 5-10 中基本上可以看出,产品销售范围越大,则企业慈善捐赠对税收政策的反应会越明显,这也在一定程度上验证了之前一些理论研究的观点,即企业慈善捐赠在一定程度上对企业形象宣传和扩大产品销售有正向作用。

(4)按企业所处成长阶段分类

从企业所处成长阶段来看,具体参数估计值如表 5-11 所示。

表 5-11　参数估计值

效果	参数	估计	标准误	Z	Sig.	95% 置信区间 下限	上限
所处成长阶段 * 相关度	1	−0.424	0.328	−1.319	0.256	−0.672	0.223
	2	0.642	0.229	4.307	0.100	0.390	0.895
	3	−0.096	0.216	−0.724	0.510	−0.224	0.232
所处成长阶段	1	−1.159	0.328	−5.412	0.100	−1.606	−0.711
	2	0.993	0.229	7.025	0.100	0.740	1.246
	3	1.380	0.216	11.102	0.100	1.152	1.608

注:上述的"4"因无法做出严谨的推导,所以放弃对它的探讨。

该参数估计值分别为初创期−1.159,成长期 0.993,成熟期 1.380,衰退期−0.814。对于企业慈善捐赠行为增加税前可扣除限额、调整税负率、调整税前扣除可结转政策的反应程度较高的是处于成长期和成熟期的企业(具体参数的估计值见附表 14 至附表 17)。相关度参数估计值汇总如表 5-12 所示。

表 5-12　相关度参数估计值

参数估计值	税收政策的相关度	税前扣除	税率	前向结转	后向结转
初创期	−1.159	−0.964	−1.142	−0.933	−0.894

续　表

参数估计值	税收政策的相关度	税前扣除	税率	前向结转	后向结转
成长期	0.993	1.448	1.670	1.194	1.197
成熟期	1.380	0.796	1.097	0.738	0.651
衰退期	−0.814	−0.880	−1.225	−0.799	−0.554

5.3.2　对定量指标的分析

2008 年我国的企业所得税法进行了重大调整,所得税名义税率由原来的 33% 调整为 25%,对企业慈善捐赠支出税前可扣除限额的规定也从原来的税前收入的 3% 更改为税前利润的 12%。税法的变动使得企业的整体税负率有了较大的变化,这在客观上为我们的分析创造了一定的条件。

在定量指标的收集方面,我们对中国税收征管信息系统(Ctais 2.0)、企业所得税管理信息系统、外资企业所得税管理信息系统和反避税基础数据库中的不同数据来源进行了筛选整合,集中采集了 2003 年至 2012 年间企业的分户数据,对象为无锡地区 828 家企业(主要选取在 2003 年至 2012 年间任一年度内有慈善捐赠支出的企业),处理方法为加权最小二乘法,自变量选取经济性质(XZ)、所属行业(HY)、销售收入(SR)、利润(LR)、税收价格($SSJG$)(税收价格 = 1 − 税负率,税负率 = 企业实际缴纳的所得税额/企业的利润总额)、广告费(GGF)、资产负债率(FZL)(资产负债率 = 企业的年末负债/年末资产),因变量是企业的慈善捐赠额(GIV)。经济性质(XZ)和所属行业(HY)指标为控制变量。$XZ = 1$ 表示企业为外资企业,$XZ = 0$ 表示企业为内资企业。所属行业指标分别用 $HY1$,$HY2$,$HY3$ 来进行设定,如表 5-13 所示。

表 5-13　经济性质与行业量化指标

	1	0
XZ	外资企业	内资(非外资)企业
$HY1$	制造业	非制造业
$HY2$	批发和零售业	非批发和零售业
$HY3$	房地产业	非房地产业

基本回归方程可表示为：$GIV = C + \beta_1 \times XZ + \beta_2 \times HY1 + \beta_3 \times HY2 + \beta_4 \times HY3 + \beta_5 \times SR + \beta_6 \times LR + \beta_7 \times SSJG + \beta_8 \times GGF + \beta_9 \times FZL + \varepsilon$。

其中，C 为常数项，β_1，β_2，β_3，β_4，β_5，β_6，β_7，β_8，β_9 为回归系数。

采用 EVIEW 软件进行回归计算，加权 OLS 模拟结果如表 5-14 所示。

表 5-14　OLS 模拟结果

Variable	Coefficient	Std. Error	t-Statistic	Prob.
C	515 182.1	5 469.161	97.393 51	0
XZ	70 085.24	1 240.844	65.413 52	0
HY1	31 834.82	3 022.395	10.570 75	0
HY2	−12 527.65	3 020.287	−5.151 125	0
HY3	117 025.1	12 716.74	9.817 161	0
SR	7.07E−05	1.48E−06	47.860 86	0
LR	0.000 988	3.74E−05	26.397 55	0
SSJG	−628 671	5 471.304	−114.903 3	0
GGF	−0.000 282	0.000 584	−0.483 754	0.628 6
FZL	−34 410.33	932.452 9	−36.903 02	0
R-squared	0.995 763	Mean dependent var		1 164 711
Adjusted R-squared	0.995 731	S. D. dependent var		7.27E+06
S. E. of regression	474 725.3	Sum squared resid		2.70E+14
F-statistic	31 307.5	Durbin-Watson stat		1.149 778

从表 5-14 可见，广告费（GGF）的 t 检验值较低，故剔除广告费（GGF）变量，重新进行面板数据回归运算，得到结果（模型 1）见表 5-15。

表 5-15　面板数据回归结果

Variable	Coefficient	Std. Error	t-Statistic	Prob.
C	513 226.2	5 256.321	97.639 82	0
XZ	67 759.18	1 067.818	63.455 75	0
HY1	29 126.2	2 665.58	10.926 78	0
HY2	−15 350.31	2 665.774	−5.758 294	0

续　表

Variable	Coefficient	Std. Error	t-Statistic	Prob.
HY3	113 575. 2	11 674. 95	9. 728 111	0
SR	7.07E−05	1. 44E−06	48. 904 53	0
LR	0. 000 989	3. 82E−05	25. 868 13	0
SSJG	−627 596.7	5 584.801	−112. 375 9	0
FZL	−34 478. 76	899. 250 6	−38. 341 65	0
R-squared	0. 996 34	Mean dependent var	1 172 323	
Adjusted R-squared	0. 996 315	S. D. dependent var	7 814 026	
S. E. of regression	474 331. 2	Sum squared resid	2.70E+14	
F-statistic	40 829. 19	Durbin-Watson stat	1. 151 151	

决定系数 $R^2=0.996\ 34$，各变量的 t 检验值均较高，模型通过检验。

由表 5-15 可见，$C=513\ 226.2$，$\beta1=67\ 759.18$，$\beta2=29\ 126.2$，$\beta3=-15\ 350.31$，$\beta4=113\ 575.2$，$\beta5=7.07E-05$，$\beta6=0.000\ 989$，$\beta7=-627\ 596.7$，$\beta8=-34\ 478.76$。

由 $\beta8<0$，t-Statistic$\beta8=-38.341\ 65$ 可知，企业的慈善捐赠支出与税收价格显著负相关，税收价格的下降可以导致企业慈善捐赠的增加。同时也可以看出，企业经济性质与所属行业对企业慈善捐赠额度有着重要影响。而资产负债率越高，则对企业慈善捐赠额度的负向影响越大。制造业与房地产业的行业属性对企业慈善捐赠额度有正向影响，而批发和零售业的行业属性对企业慈善捐赠有负向影响。

描述性统计计算结果如表 5-16 所示（分年度指标统计见附表 18）。

表 5-16　描述性统计值

	GIV	XZ	HY1	HY2	HY3	SR	LR	SSJG	FZL
Mean	124 163	1	1	0	0	395 290 326	30 610 682	1	1
Median	27 385	1	1	0	0	79 226 078	2 700 405	1	1
Maximum	10 217 481	1	1	1	1	18 738 432 591	1 636 025 457	1	1
Minimum	5 000	0	0	0	0	2 253 671	3 353	0	0
Std. Dev.	510 330	0	0	0	0	1 377 996 001	108 513 744	0	0
Skewness	13	0	−2	3	8	9	8	0	0

续　表

	GIV	XZ	HY1	HY2	HY3	SR	LR	SSJG	FZL
Kurtosis	223	1	5	8	58	93	79	3	2
Jarque-Bera	2 478 272	203	1 140	2 863	166 562	426 801	301 297	5	55
Probability	0	0	0	0	0	0	0	0.064 9	0.000 0
Observations	1 209	1 209	1 209	1 209	1 209	1 209	1 209	1 209	1 209

此外,再对 39 家企业的数据(2005—2012 年),选用面板数据模型,采用 EVIEW 软件进行回归计算,自变量选取收入(INC)、利润率(PRO_RATIO)(利润率＝利润/收入)、税收价格($TAXPRI$)、资产负债率(DEB_RATIO)(资产负债率＝企业的年末负债/年末资产),因变量是企业的慈善捐赠额(GIV)。

通过随机效应模型与固定效应模型的参数指标对比可知,固定效应模型优于随机效应模型,因此选用固定效应模型进行回归计算。加权固定效应模型计算结果(模型 2)见表 5-17。

表 5-17　加权固定效应

Dependent Variable：GIV

Method：GLS (Cross Section Weights)

Date：2009-01-10　　Time：09：53

Sample：2003 2009

Included observations：7

Number of cross—sections used：39

Total panel (unbalanced) observations：143

Variable	Coefficient	Std. Error	t-Statistic	Prob.
INC	0.000 189	3.14E−05	6.007 967	0.000 0
PRO_RATIO	824 649.2	115 371.3	7.147 785	0.000 0
$TAXPRI$	−459 035.9	52 133.82	−8.804 955	0.000 0
DEB_RATIO	79 510.89	43 335.16	1.834 789	0.069 5
Fixed Effects				
_4—C	630 717.7			
_5—C	−138 973.3			

续　表

Variable	Coefficient	Std. Error	t-Statistic	Prob.
_8—C	361 570. 8			
_9—C	388 231. 9			
_11—C	557 328. 4			
_13—C	378 987. 9			
_15—C	12 758. 35			
_22—C	509 445. 3			
_30—C	183 533. 1			
_32—C	423 434. 4			
_46—C	344 777. 4			
_74—C	370 060. 4			
_90—C	277 284. 7			
_98—C	316 474. 2			
_99—C	291 125. 7			
_107—C	88 976. 25			
_110—C	395 960. 7			
_111—C	263 816. 4			
_112—C	278 828. 5			
_131—C	335 765. 3			
_150—C	287 517. 8			
_161—C	297 371. 2			
_174—C	308 526. 8			
_184—C	296 581. 4			
_185—C	171 563. 8			
_187—C	205 566. 8			
_196—C	266 062. 1			
_198—C	273 048. 8			
_235—C	232 255. 7			
_236—C	146 785. 0			

Variable	Coefficient	Std. Error	t-Statistic	Prob.
_253—C	300 613.3			
_278—C	221 795.8			
_279—C	310 985.8			
_292—C	34 673.62			
_296—C	249 165.9			
_389—C	322 135.1			
_412—C	268 048.4			
_489—C	281 677.8			
_552—C	199 220.5			
Weighted Statistics				
R-squared	0.805 931	Mean dependent var		464 665.6
Adjusted R-squared	0.724 422	S. D. dependent var		546 290.5
S. E. of regression	286 777.8	Sum squared resid		8.22E+12
F-statistic	138.427 2	Durbin-Watson stat		2.068 705
Prob(F-statistic)	0.000 000			

决定系数 $R^2 = 0.805\ 931$,各变量的 t 检验值均较高,模型通过检验。由表 5-17 可见,$\beta1 = 0.000\ 189$,$\beta2 = 824\ 649.2$,$\beta3 = -459\ 035.9$,$\beta4 = 79\ 510.89$。因为 $\beta3 < 0$,同样表明企业的慈善捐赠支出与税收价格负相关。

通过上述的统计分析,H1 通过验证,即经济性质不同的企业对与慈善捐赠有关的税收政策的反应有明显差异,基本表现为 α 外资企业＞α 民营企业＞α 国有企业,也就是说,外资企业对政策的反应程度高于民营企业,民营企业又高于国有企业,其中外资企业对政策的反应程度最强。

H2 部分通过验证,即部分所属行业不同的企业对与慈善捐赠有关的税收政策的反应有明显差异,较高差异的有电力、燃气及水的生产和供应业,制造业,建筑、交通运输、仓储和邮政业,同时制造业与批发和零售业企业倾向于进行企业慈善捐赠行为。

H3 通过验证,即产品销售范围不同的企业对与慈善捐赠有关的税收政策的反应有明显差异,表现为产品销售范围越小的企业的政策反应程度较小,产品销售范围越大的企业的政策反应程度较大。

H4 通过验证,即处于成长阶段不同的企业对与慈善捐赠有关的税收政策的反应有明显差异。该参数估计值分别为初创期−1.159,成长期0.993,成熟期 1.380,衰退期−0.814。政策反应程度较高的是处于成长期和成熟期的企业。

5.4 税收价格弹性

曹洪彬等(2006)经过对 278 家福建省内样本企业的抽样调查和拟合计算得出,样本企业捐赠的税收价格弹性最低为−1.12,最高为−3.72,均值为−2.08[①],该结果的税率是采用所得税法中的名义税率计算的,由于目前我国还存在较多的所得税优惠规定,企业实际承担的所得税税负率与名义税率往往不同,因此其结论并不十分可靠。2007 年至 2008 年我国经历了企业所得税税率从 33% 向 25% 的调整,这为计算我国企业慈善捐赠的税收价格弹性提供了实证条件。样本企业的税收价格最高为0.948 5,最低为0.458 9,平均为 0.703 7,对应的 828 家样本企业的数据有 1 229 个,捐赠总额 为 16 669 万元。捐赠的税收价格弹性公式为:$\eta = (\Delta GIV/GIV)/(\Delta SSJG/SSJG)$,根据统计数据可知:$\Delta GIV/GIV = 10\ 574/135\ 631 = 0.077\ 96$,$\Delta SSJG/SSJG = -0.000\ 06/0.784\ 70 = -0.000\ 078$,因此 $\eta = 0.077\ 96/-0.000\ 078 = -0.001\ 005$,即我国企业慈善捐赠的税收价格弹性平均值为 $\eta = -1.005\%$,这低于张馨等(2006)计算的结果−2.08,也低于 Carroll et al. (2005)的结果(他们计算的弹性在 1.51 至 2.08 之间变动)。本书得出的捐赠的税收价格弹性的绝对值相对较低,也就是说,我国企业的慈善捐赠对税收相对不太敏感。但考虑到样本企业主要集中于无锡地区,企业代表性有限,因此该结果值的准确性有待进一步验证。

---

① 问卷分两次进行,进行了数据补充。

第6章 多案例分析

上一章的实证研究验证了不同销售范围及成长阶段的企业对税收政策的差异性反应,同时验证了企业慈善捐赠支出与税收价格间的相关关系。虽然整体上税收价格弹性表明,我国企业慈善捐赠对相关税收政策相对不太敏感,但考虑到不同类型企业对税收政策反应的差异性及不同税收政策影响的差异性,本章进一步针对具体的税收政策进行多案例研究。

6.1 研究方法

本书采用多案例研究方法,通过对不同案例中事件发生的原因、结果进行总结,归纳出具有共性的内容,进而对研究假设进行证实或否定。

本书案例研究的方法参考了罗伯特·K.殷(蒋年华,2012)的案例研究方法。在明确了文章使用的研究方法是案例研究之后,就进入了研究对象的选取、研究思路的设计及研究问题的界定,并据此进行深度的研究,用案例呈现出的事实来说明研究问题的存在性,并证明研究假设是否正确。

案例研究的行文思路如下:首先通过案例描述归纳样本企业慈善捐赠的基本状况;其次通过基本描述总结得出影响样本企业慈善捐赠的多个因素,这也要求笔者对每个案例的描述性内容进行延伸的解释;最后在单个案例研究的基础上,通过对不同行业的具有代表性的样本企业的捐赠状况进行比较、归纳分析,形成综合性的解释并据此提出建议。

6.2 研究设计

6.2.1 研究假设

企业是我国慈善捐赠事业的主体,准确地定位影响企业慈善捐赠的因素进而制订相应的激励政策,是影响我国慈善事业发展的关键所在。前文已经对企业慈善捐赠的影响因素进行了较为全面的综述,概括了国内外学者关于慈善捐赠内外部影响因素的研究。根据 Schwartz(1968),Nelson(1970),Levy et al.(1980),Clotfelter(1985)及 Carroll et al.(2005)等学者的研究,降低企业慈善捐赠价格有助于提高企业慈善捐赠水平。Waddock(1997),Carroll(2005)和许婷(2008)等都认为企业的慈善捐赠与企业自身的现金流及获利多少有正相关关系;王名(2000)和林闻钢(2006)等强调了非营利慈善组织的劝募及其管理水平对企业慈善捐赠影响较大;蒋年华(2012),邓彦卓(2009)等呼吁政府提高慈善捐赠政策的立法层次,并希望政府能简化慈善捐赠抵扣程序;Reece(1997)和Auten(2005)等利用实证分析证明了税收的价格效应及收入效应对捐赠人捐赠支出具有不同程度的影响。基于上述专家的理论及实证分析,本书将使用多案例分析来证明上述相关影响因素对企业慈善捐赠的影响作用是否存在。在这些多案例分析中,主要采用半结构化访谈的形式获取相关信息。

H1:限定现金捐赠才能税前抵扣不利于促进企业进行慈善捐赠。

H2:允许更多公益性组织具有抵扣资格有利于刺激企业进行慈善捐赠。

H3:我国捐赠抵扣程序限制了企业慈善捐赠的积极性。

H4:抵扣比例的提升有助于促进企业进行慈善捐赠。

6.2.2 样本选取

首先,笔者选择了无锡、大连和武汉作为调研目的地。无锡是我国东部经济重镇、全国 15 个经济中心城市之一、享誉全国的著名工业城市、中国民营企业之都,其工业发达,生产总值位列江苏省第二、全国第九。地区产业覆盖了新能源及汽车、节能环保、生物产业、新材料和软件电子等各类产业。也因为如此,无锡市成为各类研究项目绝佳的取材基地。在无锡市国税局有关人员的陪同下,研究人员走访了无锡市制造业、房地产业及高新技术产业这3个不同行业中相对具有代表性的9家企业。随后,笔者调研了大连和武汉,这两个城市都属于经济发达地区,样本选取具有很强的全国代表性。

本书所说的代表性企业是指包含下述特征的企业:①样本企业应该在公益慈善事业上比较热心,慈善捐赠支出相对较多或者相对频繁;②样本企业是民营企业,因为我国目前在"国有企业以国有资产进行慈善捐赠的合法性"这一问题上存在很大的争议,并且国有企业慈善捐赠的行政摊派性相对更强。

根据上述标准,作为联系人的无锡国税局帮助我们联系了9家企业,湖北省财政厅帮忙联系了3家企业,大连市企业界朋友帮忙联系了3家企业,我们分别对其进行了半结构化的试访谈和深入访谈,最后根据访谈情况及从这些企业获得的信息状况选取了其中5个不同行业的5家相对具有代表性的企业进行案例分析,以期提高研究的外部效度。

6.2.3　数据搜集

在进行访谈的过程中,本书采取实地深入访谈的形式搜集相关的数据和信息。由于本书研究的问题涉及很多财务方面的内容,为保证信息的可靠性和权威性,访谈对象均为样本公司的财务部经理。访谈采用半结构化访谈的形式,事前先设计好访谈涉及的问题及内容(图6-1),由3人同时进行访谈笔记的记录,以确保访谈内容的真实可靠。在访谈之后,对访谈内容及时进行整理和总结,遇到不确定的问题会继续通过电子邮件和电话沟通的方式进行确认和补充。最后,我们还通过网络等工具对相关的资料进行充实,确保了所有信息的真实性和可靠性。

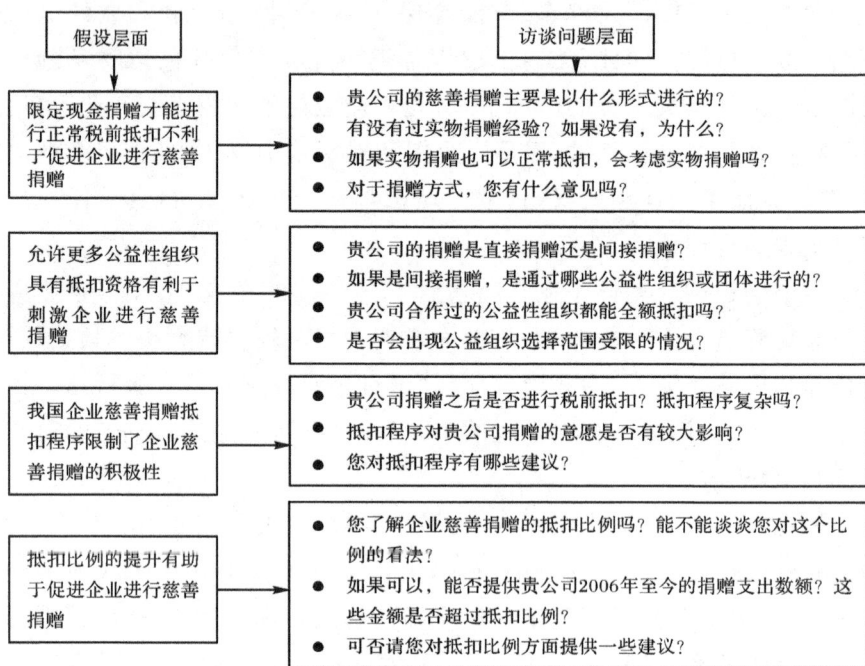

图 6-1 访谈涉及的问题及内容[①]

---

① 税法所规定的实物捐赠视同对外销售货物行为,不符合会计准则确认收入的条件,会计只能按捐赠实物的商品成本确认企业的捐赠额,而税法要求按捐赠货物的公允价值确认视同销售收入,依据捐赠货物的商品成本确认视同销售成本,这样就产生了税收上的视同销售应纳税所得,但视同销售货物的所得并不包括在会计确认的捐赠金额中,所以企业还要对没有经济利益流入的视同销售所得承担纳税义务。

换句话说,在实物捐赠问题上,企业和税务机关的做法经常不一致,容易走入两个不同的误区。企业认为,根据实际支出金额与捐赠限额进行对比,若未超过限额,直接进行扣除。税务机关认为,根据税法的规定,纳税人采用实物对外捐赠时,实际上包含了两笔经济业务,其一是视同销售产品,其二是对外实施捐赠。因此,企业应按照产品的公允价值即市场价值确认产品的销售收入,并确认产品的销售成本。同时,由于产品的成本已经通过营业外支出核算确认了,故不需要再行重复列支,直接调增销售收入即可。因而要求企业调整应纳税所得额,并计算和缴纳企业所得税。

6.3　多案例分析

6.3.1　案例一:江苏振达钢管集团

6.3.1.1　案例背景

江苏振达钢管集团(以下简称振达集团)是一家典型的民营非上市企业,旗下拥有江苏振达集团有限公司、无锡市振达特种钢管制造有限公司和淮安市振达钢管制造有限公司等多家子公司。该集团成立于1991年,企业占地面积76万平方米,集团总部位于美丽的太湖之滨——无锡,地理位置优越,交通便利,现有员工4 000余人,包括各类工程技术管理人员320余人。

振达集团是无缝钢管生产企业,其多项技术专利曾先后获得多项国家奖励及荣誉称号。集团拥有先进的生产设备和齐全的检测手段,产品质量达到国内外领先水平,生产综合水平被中国冶金工业标准院评为国际先进水平,所以该企业在产能和生产技术方面都具有非常强的竞争优势。

作为当地颇具影响力的制造企业,振达集团也积极承担着企业的社会责任,集团积极致力于慈善事业,曾多次向扶贫、助学、救灾等公益慈善活动进行捐赠,并成为无锡市慈善总会、中国光彩事业基金会及见义勇为基金会等公益组织的理事会成员。不仅如此,振达集团自身还成立了"江苏振达帮困助学基金会"[①],并参与办理过"爱心家园"等慈善活动。振达集团的这些慈善行为获得了当地政府和居民的高度认可。

6.3.1.2　案例信息整理

本书对振达集团进行的访谈记录整理如表6-1所示。

---

① 该基金会是由振达集团出资创建,聘请第三方专业志愿者团队进行管理的地方性基金会,它接受政府和企业的捐赠,主要宗旨是资助特困群体的基本生活,资助品学兼优的大、中学生完成学业。

表 6-1　振达集团访谈记录整理

研究假设	访谈问题	振达集团捐赠情况描述
H1:限定现金捐赠才能进行正常税前抵扣不利于促进企业进行慈善捐赠。	捐赠主要形式是什么?	振达集团主要进行现金捐赠,基本没有进行过实物捐赠。受访者表示:"现金捐赠更便捷,实物捐赠抵扣记账过于复杂,只能部分抵扣,还是捐钱更简明。"
	如果实物捐赠也可以正常抵扣,会考虑实物捐赠吗?	振达集团表示,实物捐赠如果可正常抵扣,也愿意尝试实物捐赠,并举例说明:汶川灾区重建,集团可以捐赠本公司的一些钢管等产品支援灾区重建。
	对于捐赠方式有什么建议?	振达集团建议放松对捐赠方式的管制,期待实物捐赠允许正常抵扣,与会计作账一致。受访者说:"在企业不景气时,很多公司资金也比较紧张,不大可能捐赠大量现金,此时向有需要的地区或慈善机构捐赠公司产品反而更有帮扶作用。"
H2:允许更多公益性组织具有抵扣资格有利于刺激企业进行慈善捐赠。	公司的捐赠属于直接捐赠还是间接捐赠?	振达集团捐赠都属于间接捐赠。
	直接捐赠和间接捐赠的对象分别是什么?	间接捐赠中数额较大的捐赠主要通过当地慈善总会及集团的"江苏振达帮困助学基金会"进行,数额较小的捐赠通过市财政局、中国光彩事业基金会及见义勇为基金会等进行。
	捐赠是否可以全额抵扣?	振达集团大多数慈善捐赠均可以全额抵扣。
	是否会因为具有抵扣资格的慈善组织数量过少而限制企业进行全方位的慈善事业?	振达集团表示,目前企业的能力还有限,将暂时专注于扶贫、救灾之类的慈善事业,对于其他方面的慈善组织也没有主动进行过接触,不太了解。
H3:我国捐赠抵扣程序限制了企业慈善捐赠的积极性。	捐赠抵扣程序复杂吗?	受访者表示,这些税前抵扣程序并没有那么复杂,只要能够取得合规的抵扣发票就能到税务部门办理抵扣。
	对抵扣程序有什么建议?	振达集团并没有提出相关建议。

续 表

研究假设	访谈问题	振达集团捐赠情况描述
H4:抵扣比例的提升有助于促进企业进行慈善捐赠。	对于12%的税前抵扣比例有何看法?	振达集团表示:"12%的抵扣率太低,公司有一两年的捐赠都快超过这个抵扣比例了,企业做慈善是在对社会做贡献,没有必要限制公司做善事。"
	对于抵扣比例有什么建议?	希望国家能够取消慈善捐赠税前抵扣比例的限制。

除此之外,我们还获取了振达集团2006年至2012年的慈善捐赠支出相关数据,具体情况见图6-2。

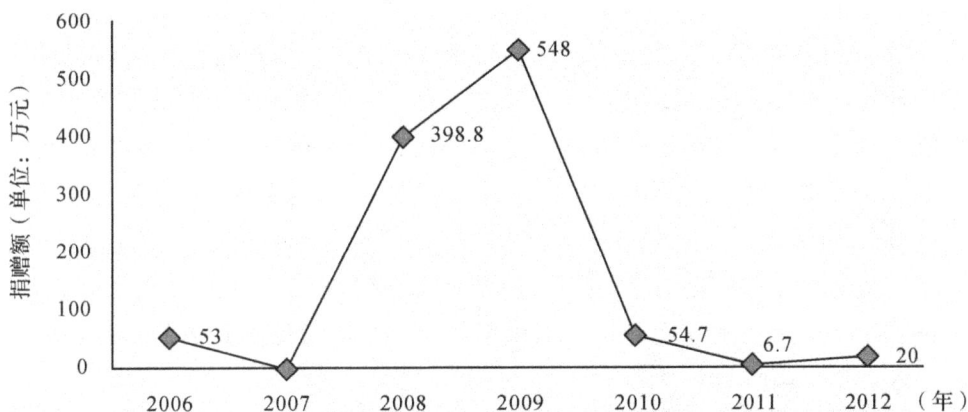

图6-2 振达集团2006年至2012年的慈善捐赠支出数据

由图6-2可知,2007年与2008年的捐赠数额对比有非常剧烈的变化,2009年到2010年也有非常巨大的数额差异,这是为什么呢?我们据此询问了受访者。受访者表示,2007年与2008年的巨大差异有两个原因:一是在2008年,振达集团建立了自己的基金会,捐出大笔创建资金;二是因为新的税法提高了捐赠税前抵扣比例,企业也提高了对慈善总会的助学捐赠。2009年比2008年的捐赠额有所提高也是因为"企业的效益好,提高了捐赠额,但是不会超过税前抵扣比例"。受访者表示,2008年与2009年的捐赠额直逼12%的抵扣率。到2010年及之后捐赠额骤降,主要是因为金融危机导致企业效益下滑,资金紧张,没有多余资金进行慈善捐赠,另外,也因为公司的"江苏振达帮困助学基金会"出资完成,渐入正轨。

6.3.1.3　案例分析

通过对振达集团的访谈信息进行总结分析,我们发现,在慈善捐赠方式上,振达集团虽然以现金捐赠为主,但是对实物捐赠具有较强的倾向性,并明确表示支持国家出台"实物捐赠允许税前抵扣"的税收政策。据此,我们认为,在税收政策中规定实物捐赠允许税前扣除有利于促进振达集团进行慈善捐赠。

在慈善捐赠对象上,振达集团的捐赠主要集中于传统的扶贫、救灾和助学等慈善领域,对环保、权益保护、卫生等领域的慈善机构了解和接触不多,也甚少涉及。但是我们通过访谈发现,振达集团所进行的慈善捐赠针对的都是具有全额抵扣资格的慈善组织。据此,我们认为,增加具有全额抵扣资格的慈善机构的数量虽然不一定能增加样本企业的捐赠额,但是会对样本企业从事多领域的慈善捐赠具有一定程度的引导及促进作用。

在税收抵扣程序上,振达集团不认为慈善捐赠抵扣程序复杂,因此,我们可以认为我国的企业慈善捐赠抵扣程序不会对振达集团的捐赠积极性造成负面影响。

在慈善捐赠税前抵扣比例上,振达集团因为自身捐赠较多,捐赠支出曾经直逼抵扣比例,认为抵扣比例过低,并建议不设定抵扣比例的限制。笔者认为,对于振达集团这样积极投身慈善事业的企业来说,提高抵扣比例,势必会提高其捐赠的积极性,从而相应地提高慈善捐赠的数额。

6.3.2　案例二:无锡中南置业投资有限公司

6.3.2.1　案例背景

无锡中南置业投资有限公司是香港五洲国际集团[①]旗下的开发公司,该开发公司是以房地产投资、开发,房地产营销策划、销售代理、房屋

---

① 五洲国际集团是开发并运营专业批发市场和多功能商业综合体的中国领先地产发展商,集团成功打造"五洲国际"及"哥伦布"两大知名商业地产品牌,并因此多次获得国家有关部门授予的荣誉称号。

租赁代理,房地产物业估价、物业管理、投资咨询,自有房屋租赁、经济信息服务等为主业的非上市民营公司。公司成立于2004年12月,注册资本为2 000万元。截至目前,无锡中南置业投资有限公司在无锡已成功开发了五洲国际工业博览城项目,这是一个全新的乡镇综合体项目,总投资近50亿元,总建筑面积100万平方米,是全球一站式五金工业品展示交易平台。在开发运营上,无锡中南置业投资有限公司始终秉承母公司的"二三五"原则①,并据此形成了非常专业的设计标准。综上所述可知,其是非常具有核心竞争力的商业地产开发公司。

无锡中南置业投资公司作为五洲国际集团旗下的公司,虽然处于初创阶段,但其仍坚持母公司"责任地产、健康商业"的经营理念,积极投身公益捐赠事业,曾先后多次进行过慈善捐赠,并与无锡市慈善总会、新区慈善协会、蔡振华乒乓发展协会、新区红十字会及泰顺慈善总会等公益慈善机构进行过密切的合作。该公司的慈善行为为其塑造了非常积极的正面形象,同时也受到了当地居民和政府的高度认可和嘉许。

6.3.2.2 案例信息整理

我们对无锡中南置业投资有限公司进行了访谈,访谈内容围绕图6-1进行,并就相应问题进行了补充及延伸,具体访谈信息整理如表6-2所示。

表6-2 无锡中南置业投资有限公司访谈记录整理

研究假设	访谈问题	无锡中南置业投资有限公司捐赠情况描述
H1:限定现金捐赠才能进行正常税前抵扣不利于促进企业进行慈善捐赠。	捐赠主要形式是什么?	主要是捐赠现金,也有过实物捐赠行为——曾向当地小学捐赠过课桌椅,还参加过志愿者服务捐赠——公司员工的义务植树等活动。
	实物捐赠能否正常抵扣?为什么考虑实物捐赠?	捐赠的桌椅不能税前扣除,受访者表示:"向小学捐赠的桌椅数额不大,不抵扣也没有关系,并且这种定向捐赠及义务活动能够塑造企业良好的形象,有利于招商引资。"

———————————

① 即成功运作一个商业地产项目,开发、招商和运营的作用分别占20%,30%和50%。

续　表

研究假设	访谈问题	无锡中南置业投资有限公司捐赠情况描述
	如果实物捐赠能够正常抵扣,公司会更倾向于实物捐赠吗?	受访者表示还是会以捐赠现金为主,"作为以房地产开发为主的公司,实物捐赠可能就是房产捐赠,这不太现实,其他的实物捐赠也没有现金捐赠方便实用"。不过受访者也表示实物捐赠如果能进行正常的税前抵扣,公司会愿意向当地小学、贫困学生等捐赠更大量的桌椅、书本及衣物等日常用品。
	对于捐赠方式有什么建议?	希望实物捐赠能够进行正常的税前抵扣。
H2:允许更多公益性组织具有抵扣资格有利于刺激企业进行慈善捐赠。	公司的捐赠属于直接捐赠还是间接捐赠?	公司捐赠有直接捐赠,也有间接捐赠。
	直接捐赠和间接捐赠的对象分别是谁?	直接捐赠少,主要面向当地小学,以及当地的义务植树等活动;间接捐赠主要通过当地政府、无锡市慈善总会、新区慈善协会、泰顺慈善总会、新区红十字会、无锡市水产合作协会和蔡振华乒乓发展协会等进行。
	捐赠给哪些机构可以全额抵扣?	直接捐赠给当地小学的桌椅无法抵扣,捐赠给当地新区慈善协会、无锡市水产合作协会、蔡振华乒乓发展协会的现金无法抵扣;其余的捐赠均可抵扣。如图 6-3 所示。
	是否会因为具有抵扣资格的慈善组织数量过少而限制企业进行全方位的慈善事业?	无锡中南置业投资有限公司表示,公司因为产业性质招商引资时需要与各领域的非营利性组织合作,也避免不了成为各种协会的理事成员并向其进行慈善捐赠,如果这些协会具有抵扣资格,会考虑对这些组织增加捐赠,促进合作。
H3:我国捐赠抵扣程序限制了企业慈善捐赠的积极性。	捐赠抵扣程序复杂吗?	无锡中南置业投资有限公司表示,这些税前抵扣程序并不复杂。
	对抵扣程序有什么建议?	无锡中南置业投资有限公司没有提出相关建议。
H4:抵扣比例的提升有助于促进企业进行慈善捐赠。	对于 12% 的税前抵扣比例有何看法?	无锡中南置业投资有限公司表示,12% 的税前抵扣对于本公司来说已经足够了,但是受访者也表示:"站在企业的立场,就连做慈善也受限制,个人感觉是不合理的。"
	对于抵扣比例有什么相关建议?	希望国家能够取消慈善捐赠税前抵扣比例的限制,加强对公益性慈善组织的监管而不是限制企业的慈善捐赠。

除上述信息以外,我们还获得了无锡中南置业投资有限公司的相关慈善捐赠数据,图 6-3 反映的是该公司 2007 年至 2012 年的慈善捐赠分布情况。

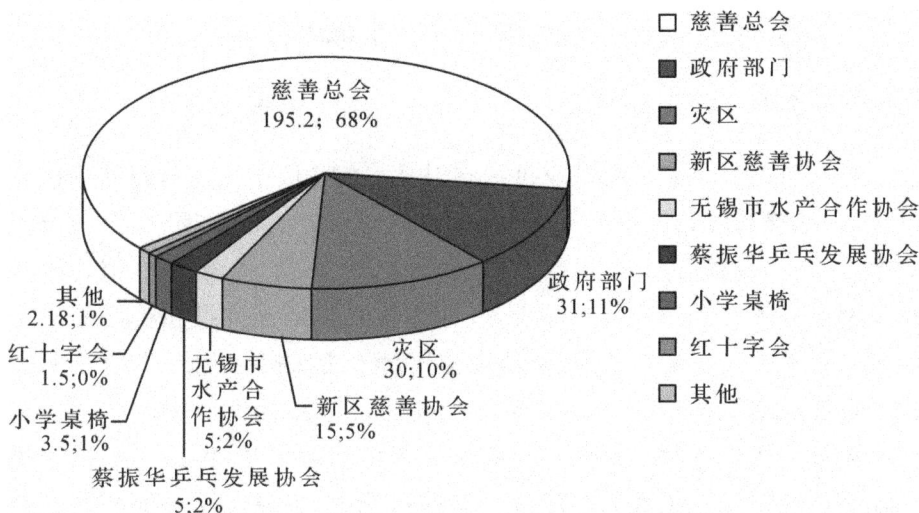

图 6-3 无锡中南置业投资有限公司 2007 年至 2012 年慈善捐赠分布图(单位:万元)

图 6-3 所反映的捐赠中,只有面向新区慈善协会、无锡市水产合作协会、蔡振华乒乓发展协会及向小学定向捐赠的课桌椅无法进行抵扣,所占的比重仅为 10%;剩下的 90% 都是向具有抵扣资格的第三方组织进行的捐赠。受访者也表示,如果新区慈善协会、无锡市水产合作协会等机构具备抵扣资格,公司未来对它们的捐赠额度可能会提升。

图 6-4 反映的是无锡中南置业投资有限公司在 2007 年至 2012 年期间每年慈善捐赠的数额及其走势情况。

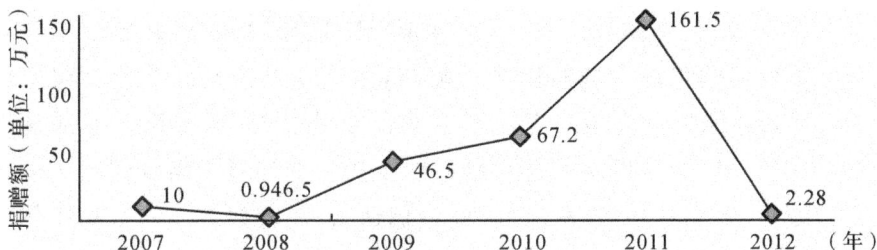

图 6-4 无锡中南置业投资有限公司 2007 年至 2012 年慈善捐赠支出数据

图 6-4 中，从 2007 年开始，无锡中南置业投资有限公司的慈善捐赠额逐步上升（2009 年及 2012 年分别开始了新开发项目，公司投入大量资金，从而捐赠额较少），所捐赠的支出基本上在抵扣率之内，但是受访者特别表示，自从抵扣率从 3％提升到 12％之后，该公司的捐赠额明显提升，尤其是 2008 年之后，捐赠支出是超过了营业利润 3％的。

6.3.2.3 案例分析

笔者通过对无锡中南置业投资有限公司的访谈情况进行归纳分析后发现，在慈善捐赠的方式上，样本公司已经开始尝试包括现金、实物及服务捐赠等在内的多种慈善捐赠方式，虽然主要以现金捐赠为主，但是对实物捐赠也表现出了一定的倾向性，并认为实物捐赠允许抵扣将促进该企业进行慈善捐赠。笔者认为，取消现金捐赠才能抵扣的规定，并规定实物捐赠也能税前抵扣，有利于促进样本企业进行慈善捐赠。

无锡中南置业投资有限公司的捐赠领域相对广泛，但是大额捐赠仍专注于传统的慈善领域。在慈善捐赠的对象上，更偏向于对那些具有全额抵扣资格的公益性组织进行捐赠，仅有约 9.9％的捐赠支出是面向不具抵扣资格的非营利组织进行的。通过对该公司的访谈内容进行分析，我们发现，不同领域的慈善组织都具有全额抵扣资格将吸引并促进样本企业进行多领域的慈善捐赠。据此，我们认为，如果增加具有抵扣资格的公益性组织的数量，将会促进像无锡中南置业投资有限公司这样的需要全方位合作的企业进行慈善捐赠。

同案例一中的振达集团一样，无锡中南置业投资有限公司认为本企业慈善捐赠税前抵扣程序不复杂，不会影响企业进行慈善捐赠的决定。据此，我们认为，我国企业慈善捐赠的税前抵扣程序相对来说不会影响到样本企业进行慈善捐赠的决定。在慈善捐赠抵扣比例上，无锡中南置业投资有限公司建议取消抵扣比例的限制，而加强对公益性非营利组织的管制。通过对该样本企业慈善捐赠支出的走势分析，以及该企业的访谈分析，可以看出，我国提高慈善捐赠税前抵扣比例相对提高了样本企业的捐赠积极性，提高了捐赠额度。因此我们认为，慈善捐赠税前抵扣比例的提升有利于刺激样本企业进行慈善捐赠。

6.3.3 案例三:江苏江达生态科技有限公司

6.3.3.1 案例背景

江苏江达生态科技有限公司是江苏江达园林景观工程有限公司[①]旗下的子公司,该公司是一家在河海湖泊综合治理产业内多元化发展的民营非上市科技企业。核心业务为受污染河海湖泊综合治理工程的总承包和BOT运营,包括清淤工程、就地造岛、造田及水土保持工程等。该公司成立了"河海湖泊生态修复与资源化工程技术研究中心",是华东地区唯一的"生态修复甲级资质"单位;在人才队伍上,其拥有5位教授直接领衔的60余人的研发团队和120余人的技术管理团队;在科研技术上,它自主研发了"河海湖泊生态修复与资源利用一体化技术",该技术被评定为"国内领先、国际先进"。作为一个初创的高新技术产业类公司,江苏江达生态科技有限公司无论是从人力资源方面还是从技术研发方面看,都具有无限的发展潜力和竞争优势,在业内是非常具有代表性的公司。

江苏江达生态科技有限公司虽然处于初创期,但它是一个注重全方位协调发展的公司。它非常关注慈善事业的发展,并积极致力于"产学研"联合发展平台,为此该公司积极与南京大学合作,并成立了"南京大学全兴教育基金",对贫困大学生进行教育、生活资助。除此之外,该公司还积极参与当地的环保志愿活动,积极向灾区捐款,等等。总之,江苏江达生态科技有限公司是无锡市具有代表性的致力于慈善事业的公司。

6.3.3.2 案例信息整理

我们对江苏江达生态科技有限公司进行了深入访谈,并根据访谈走向做出相应的问题延伸和补充,具体访谈信息及内容如表6-3所示。

---

① 成立于1996年10月7日,由无锡法尔胜实业有限公司与无锡市九久投资有限公司共同控股。

表 6-3　江苏江达生态科技有限公司访谈记录整理

研究假设	访谈问题	江苏江达生态科技有限公司捐赠情况描述
H1:限定现金捐赠才能进行正常税前抵扣不利于促进企业进行慈善捐赠。	捐赠主要形式是什么?有过实物捐赠吗?	目前,基本上进行现金捐赠,还曾参加过无锡市欢乐义工环保协会相关的志愿者服务活动,没有过实物捐赠经验。
	为什么不考虑实物捐赠?如果实物捐赠允许正常抵扣呢?	公司表示,没想过进行实物捐赠,认为实物捐赠对公司来说太麻烦,如果实物捐赠能够正常抵扣,也要根据受捐对象的情况(主要考虑地域因素)决定是否进行实物捐赠。
	对于捐赠方式有什么建议?	该公司没有提供有关建议。
H2:允许更多公益性组织具有抵扣资格有利于刺激企业进行慈善捐赠。	公司的捐赠属于直接捐赠还是间接捐赠?	公司捐赠大多数是间接捐赠,义务劳动也是通过欢乐义工环保协会进行的;对南京大学贫困学生的资助是通过自创的"南京大学全兴教育基金"进行的。
	捐赠的对象分别是谁?	捐赠对象主要是当地的人民政府、无锡市慈善总会及公司成立的"南京大学全兴教育基金"。
	捐赠给哪些机构可以全额抵扣?	捐赠给"南京大学全兴教育基金"的款项无法抵扣,捐给人民政府和慈善总会的款项可以全额抵扣。
	是否会因为具有抵扣资格的慈善组织数量过少而限制企业进行全方位的慈善事业?	江苏江达生态科技有限公司处于初创阶段,还没有与很多慈善组织进行合作,但其表示,在未来的发展中一定会进行更多的慈善捐赠,也会选择合作的组织,这时会优先考虑具有抵扣资格的慈善组织进行合作。
H3:我国捐赠抵扣程序限制了企业慈善捐赠的积极性。	捐赠抵扣程序复杂吗?	江苏江达生态科技有限公司认为捐赠抵扣程序不复杂。
	对抵扣程序有什么建议?	江苏江达生态科技有限公司没有提出相关建议。
H4:抵扣比例的提升有助于促进企业进行慈善捐赠。	对于 12% 的税前抵扣比例有何看法?	江苏江达生态科技有限公司表示,12%的税前抵扣比例已经很高了,这几年公司捐赠只有一年超过这个比例。如果未来的比例不变,公司在通常情况下都会在该比例之内进行捐赠,一般不会超过。
	对于抵扣比例有什么相关建议?	受访者表示,免除抵扣比例限制,或者像经营亏损那样将当年捐赠向前几年结转抵扣可能会促进企业进行捐赠。

除上述访谈信息外,我们还了解到江苏江达生态科技有限公司自成立以来进行慈善捐赠的部分数额①,包括 2008 年对汶川灾区捐赠的 50 万元,2009 年成立"南京大学全兴教育基金"支出的部分创立基金,对玉树灾区捐赠的 1 万元,等等。但是受访者表示,这几年捐赠的金额都在12% 以内。

6.3.3.3　案例分析

我们对江苏江达生态科技有限公司的访谈信息进行了如上总结,下面根据研究假设对访谈内容进行如下分析:

在捐赠方式上,江苏江达生态科技有限公司是以现金捐赠为主,并且对于实物捐赠从未涉及,也没有表现出强烈的倾向性,但是受访者也表示,在实物捐赠能够正常抵扣的情况下,愿意选择性地尝试进行实物捐赠。笔者认为,实物捐赠允许抵扣对样本企业慈善捐赠具有较低程度的激励作用。

在捐赠对象上,江苏江达生态科技有限公司明确地表明,期待能与具有抵扣资格的慈善组织进行合作,尤其是与该公司业务范围相关的公益性组织。我们认为,增加具有抵扣资格的公益性组织,尤其是与环保相关的组织,将会促进样本企业进行慈善捐赠。

在慈善捐赠税前抵扣程序上,样本企业表示,自己去办理抵扣,程序不复杂。我们认为,我国的慈善捐赠税前抵扣程序不会限制样本企业进行慈善捐赠。

在慈善捐赠税前抵扣比例上,样本企业虽然表示 12% 的抵扣比例已经足够,但是考虑到未来发展问题,建议能取消抵扣限制或者将捐赠额实行向前递延抵扣政策。据此,我们认为,调整与抵扣比例相关的政策,允许递延抵扣或者适当提升抵扣比例,可以使样本企业的捐赠心理账户变大,从而有利于促进样本企业进行慈善捐赠。

---

① 部分慈善捐赠由其母公司——无锡市九久投资有限公司控制,相关数据也由其保管,子公司没有全面数据。

6.3.4　案例四：马应龙药业集团公司

6.3.4.1　案例背景

马应龙药业集团公司是一家经国家商务部首批认定的中华老字号企业，创始于明朝万历十年（1582），总部位于武汉。四百余年风雨沧桑，马应龙药业集团公司的经营从未间断，这在中国企业中实属罕见。如今的马应龙药业集团公司，与时俱进，生机勃发，经过十多年持续、健康、快速发展，已成长为一家涉足药品制造、药品研发、药品流通和专科医院等领域的专业化、多功能、国际化的医药上市公司。在世界品牌实验室、世界经理人周刊联合评估的 2010 年"中国最具价值品牌 500 强"排行榜中，马应龙药业集团公司名列第 210 位，品牌价值达到了 43.21 亿元。

具有马应龙药业集团公司特色体系的文化理念已经成为驱动其承担并履行社会责任的原动力。公司以马应龙慈善基金为平台，突出重点领域，开展了助资助学、公益助医等一系列社会公益活动。公司通过湖北省红十字会向革命老区和贫困地区捐赠药品；创建对接共建单位；在一些高校成立"马应龙助学金"等。经过全国质量协会评审，公司荣获了"全国实施卓越绩效模式先进企业"称号。

6.3.4.2　案例信息整理

我们主要以图 6-1 为基础对马应龙药业集团公司进行了深入访谈，并根据访谈走向进行相应的问题延伸和补充。具体访谈信息及内容如表 6-4 所示。

表 6-4　马应龙药业集团公司访谈记录整理

研究假设	访谈问题	马应龙药业集团公司捐赠情况描述
H1：限定现金捐赠才能进行正常税前抵扣不利于促进企业进行慈善捐赠。	捐赠主要形式是什么？	主要是实物捐赠行为——向灾区和革命老区等捐赠药品；也有现金捐赠，如"马应龙助学金"。
	实物捐赠能否正常抵扣？会考虑实物捐赠吗？	捐赠的药品可部分实现税前抵扣。受访者表示，向灾区捐赠药品：一是向灾区提供帮助；二是能够塑造企业良好的形象，有利于产品宣传。

续 表

研究假设	访谈问题	马应龙药业集团公司捐赠情况描述
	如果实物捐赠能够正常抵扣,公司会更倾向于实物捐赠吗?	受访者表示会加大药品捐赠的额度。因为企业的主要产品就是药品,而药品是老百姓基本上都需要的东西。
	对于捐赠方式有什么建议?	希望实物捐赠能够作为营业外支出直接进行税前抵扣。
H2:允许更多公益性组织具有抵扣资格有利于刺激企业进行慈善捐赠。	公司的捐赠属于直接捐赠还是间接捐赠?	公司捐赠有直接捐赠,也有间接捐赠。
	直接捐赠和间接捐赠的对象分别是谁?	直接捐赠少,主要面向当地社区,开展发放小药箱、免费就诊等活动;间接捐赠主要通过湖北省红十字会、马应龙基金会等进行。
	捐赠给哪些机构可以全额抵扣?	给高校设立的奖学金可以税前抵扣,但通过红十字会等捐赠的药品无法进行完整的税前抵扣。
	是否会因为具有抵扣资格的慈善组织数量过少而限制企业进行全方位的慈善事业?	马应龙药业集团公司表示,如果实物能够正常进行税前抵扣,那么公司会考虑增加合作的慈善组织数量,因为这样也同时有助于产品的宣传。
H3:我国捐赠抵扣程序限制了企业慈善捐赠的积极性。	捐赠抵扣程序复杂吗?	马应龙药业集团公司表示实物捐赠抵扣程序不复杂。
	对抵扣程序有什么建议?	马应龙药业集团公司建议会计法与税收法应在实物捐赠抵扣方面予以统一。
H4:抵扣比例的提升有助于促进企业进行慈善捐赠。	对于12%的税前抵扣比例有何看法?	马应龙药业集团公司表示,12%的税前抵扣对于本公司来说已经足够了,但是受访者也表示:"站在企业的立场,就连做慈善也受限制,个人感觉不合理。"
	对于抵扣比例有什么相关建议?	希望国家能够进一步提高慈善捐赠税前抵扣比例,加强对公益性慈善组织的监管而不是限制企业的捐赠。

除上述访谈信息外,我们还了解到马应龙药业集团公司自成立以来进行慈善捐赠的部分数额。据统计,马应龙慈善基金自成立以来,累计捐赠药品及现金近3 700万元,对贫困地区的药品捐赠近5年来逐年提高,

主要慈善捐赠领域集中在教育和医疗方面。

6.3.5 案例五:华能国际电力股份有限公司

6.3.5.1 案例背景

华能国际电力股份有限公司及其附属公司是在中国范围内开发、建设和经营管理大型发电厂的企业,总部位于大连。公司境内电厂广泛分布在中国19个省、自治区和市;公司在新加坡全资拥有一家营运电力公司,是中国最大的上市发电公司之一。作为发电企业,公司成立以来,坚持技术创新、体制创新、管理创新,在电力技术、电厂建设和管理方式等方面创造了多项国内行业第一和里程碑工程。华能金陵电厂建成了国内首台数字化百万千瓦超临界燃煤机组,华能海门电厂一号机组是世界上首台使用海水脱硫百万千瓦的机组;公司是国内第一个实现在纽约、香港、上海三地上市的发电公司;公司全员劳动生产率在国内电力行业保持领先水平;公司加快转变发展方式,进一步提高发展质量,不断优化电源结构和区域布局。优化发展火电,优先在经济发达地区开发建设高效环保大机组和大型火电基地,大力推进效益型风电项目开发,参与水电、核电投资。同时,公司积极推进产业协同,加大对煤炭、港口、航运业务的投资力度,煤炭自供能力、港口储运中转能力及海上运输能力进一步提高,电煤港运产业协同基本形成。

公司积极参与社会主义新农村建设和扶贫助教、慈善捐助等社会公益活动,创新合作服务方式,积极回报社会,奉献爱心。2012年以公司名义捐款共计535万元,同时支持地方各类公益事业。

6.3.5.2 案例信息整理

我们对华能国际电力股份有限公司进行的访谈记录整理如表6-5所示。

表 6-5　华能国际电力股份有限公司访谈记录整理

研究假设	访谈问题	华能国际电力股份有限公司捐赠情况描述
H1:限定现金捐赠才能进行正常的税前抵扣不利于促进企业进行慈善捐赠。	捐赠主要形式是什么？	主要是现金捐赠。
	实物捐赠能否正常抵扣？为什么考虑实物捐赠？	从没有进行过实物捐赠。
	如果实物捐赠能够正常抵扣，公司会更倾向于实物捐赠吗？	受访者表示应该不会进行实物捐赠，因为公司产品不适合捐赠。
	对于捐赠方式有什么建议？	无。
H2:允许更多公益性组织具有抵扣资格有利于刺激企业进行慈善捐赠。	公司的捐赠属于直接捐赠还是间接捐赠？	公司捐赠有直接捐赠，也有间接捐赠。
	直接捐赠和间接捐赠的对象分别是谁？	直接捐赠少；间接捐赠主要通过辽宁省红十字会、慈善总会等进行。
	捐赠给哪些机构可以全额抵扣？	不详。
	是否会因为具有抵扣资格的慈善组织数量过少而限制企业进行全方位的慈善事业？	受访者表示，如果具有抵扣资格的慈善组织数量增加，也会扩展慈善事业的范围。
H3:我国捐赠抵扣程序限制了企业慈善捐赠的积极性。	捐赠抵扣程序复杂吗？	不觉得复杂。
	对抵扣程序有什么建议？	华能国际电力股份有限公司没有提出相关建议。
H4:抵扣比例的提升有助于促进企业进行慈善捐赠。	对于 12% 的税前抵扣比例有何看法？	公司表示，12% 的税前抵扣对于本公司来说已经足够了，但是受访者也表示："站在企业的立场，就连做慈善也受限制，个人感觉不合理。"
	对于抵扣比例有什么相关建议？	希望国家能够进一步提高慈善捐赠税前抵扣比例，加强对公益性慈善组织的监管而不是限制企业的捐赠。

近年来,该公司公益捐赠支出高速增长,但由于该公司受访者对具体捐赠及税收抵扣情况了解不详,所以调研所得信息有限。

6.3.6　案例综合分析

本书已对上述五个案例分别进行了个案分析和解释。上述五个案例中的样本企业所处的行业不同,每个公司专注的慈善领域也有所偏重。但是与不同的公益性慈善组织都有偏向性的合作,合作的方式也各有千秋。通过个案分析之间的比较分析后,我们也发现,这五个不同行业的企业对慈善捐赠的政策需求和方向却是大致相同的,也正是因为如此,完全或者部分验证了本书的某些研究假设,还否定了本书的一个假设。具体的比较分析如表 6-6 所示。

表 6-6　五个案例的比较分析及分析结论

假设内容	案例一	案例二	案例三	案例四	案例五	结论
H1:限定现金捐赠才能进行正常的税前抵扣不利于促进企业进行慈善捐赠。	证实假设:对实物捐赠具有较强倾向性,改善实物捐赠抵扣规定有利于促进样本企业进行慈善捐赠。	部分证实假设:如能将实物捐赠抵扣统一化将促进样本企业提高慈善捐赠支出额。	部分证实假设:实物捐赠税前抵扣对样本企业慈善捐赠有较低程度的激励作用。	证实假设:对实物捐赠具有较强倾向性,改善实物捐赠抵扣规定有利于促进样本企业进行慈善捐赠。	部分证实假设:公司产品不适合实物捐赠,因此没考虑过。	H1基本得到证实
H2:允许更多公益性组织具有抵扣资格有利于刺激企业进行慈善捐赠。	部分证实假设:增加具有抵扣资格的慈善机构的数量可能促进样本企业进行多领域慈善捐赠。	证实假设:允许更多公益性组织具有抵扣资格将促进样本企业进行多领域的慈善捐赠。	证实假设:允许更多与样本企业业务有关的慈善组织具有抵扣资格将促进样本企业的慈善捐赠。	证实假设:允许更多公益性组织具有抵扣资格将促进本企业进行多领域慈善捐赠。	证实假设:允许更多公益性组织具有抵扣资格将促进本企业进行多领域慈善捐赠。	H2被部分证实。
H3:我国捐赠抵扣程序限制了企业慈善捐赠的积极性。	否定假设:抵扣程序不复杂,不会限制样本企业进行慈善捐赠。	否定假设:抵扣程序不复杂,不影响样本企业慈善捐赠的决定。	否定假设:抵扣程序不复杂,不影响样本企业进行慈善捐赠。	否定假设:抵扣程序不复杂,不影响样本企业进行慈善捐赠。	否定假设:抵扣程序不复杂,不影响样本企业进行慈善捐赠。	H3被否定。

续　表

假设内容	案例一	案例二	案例三	案例四	案例五	结论
H4：抵扣比例的提升有助于促进企业进行慈善捐赠。	证实假设：提高企业慈善捐赠抵扣比例将提高样本企业慈善捐赠的积极性。	证实假设：企业慈善捐赠税前抵扣比例的提升有利于刺激样本企业进行慈善捐赠。	证实假设：提升抵扣比例或变相提升①抵扣比例有利于促进样本企业进行慈善捐赠。	证实假设：提高企业慈善捐赠抵扣比例将提高样本企业慈善捐赠的积极性。	证实假设：提高企业慈善捐赠抵扣比例将提高样本企业慈善捐赠的积极性。	H4得到证实。

　　鉴于上述的案例分析结果，本书将对四个假设提出以下结论：第一，限定慈善捐赠在某种程度上不利于促进企业进行多方式的慈善捐赠，允许实物捐赠也能税前抵扣将对企业慈善捐赠有一定程度的促进作用；第二，允许更多公益性组织具有抵扣资格可以促进企业进行多领域的慈善捐赠，在一定程度上激励企业进行慈善捐赠；第三，我国目前的慈善捐赠税前抵扣程序对于企业来说相对不复杂，不会限制企业进行慈善捐赠；第四，提升慈善捐赠的税前抵扣比例或者允许慈善捐赠进行递延抵扣将促进企业进行慈善捐赠。

---

① 这里的变相提升是指允许慈善捐赠向前进行递延抵扣。

第 7 章　运用 NetLogo 对我国企业慈善捐赠税收政策的仿真评估

企业慈善捐赠行为税收政策的制订关系重大,本研究运用 NetLogo 仿真方法,对部分税收政策实施过程进行仿真,评估政策实施效应,为修正和创新政策提供理论支撑。

7.1　复杂性系统仿真开发软件 NetLogo 的介绍

在 20 世纪 90 年代早期,用于复杂性系统仿真的开发工具较为底层,用户需要直接使用 C++,Java 等编程语言进行开发工作,缺乏专用的编程平台,使得模型开发需要很强的计算机经验和技术。1995 年 Swarm 平台问世以后,各种用于复杂性系统仿真的专用平台被不断开发,这些平台一般包含标准的建模框架和类库,使用者通过函数调用可以节省大量的编码工作,从而极大地推动了基于主体(agent)的复杂性系统仿真在各种研究领域中的应用。

以 Swarm 和 Logo 为代表,基于主体建模的专用平台可以分为两类。Swarm 只提供专用的类库;而 Logo 家族提供完整的开发环境,只需要简单安装即可独立运行。Logo 家族又以 NetLogo 为代表,在 NetLogo 中,研究人员能够向大量独立运作的主体发出指令,控制个体的行为方式。虽然外观十分简洁,但是 NetLogo 有着强大的建模能力。以下对 NetLogo 中的四类主体和类库进行介绍。NetLogo 中的主体分为四类,海龟、瓦片、观察者和链。

海龟(turtles):海龟是在模拟世界上可以自由移动的主体,每个海龟的位置以坐标(x,y)表示,这里的 x 和 y 均为浮点型数值。海龟可以由观察者(observer)或瓦片(patches)创建。对海龟来说,模拟世界是连续的,它们可以位于一个瓦片的任何位置,而一个瓦片也可以同时载有多个海龟。

瓦片:瓦片是在模拟世界中没有移动属性的主体。在 Netlogo 中,模拟世界是二维的,是由瓦片组成的网络,每个瓦片是一块正方形的地面,瓦片有坐标,坐标(0,0)处的瓦片成为原点,其他瓦片的坐标就是与原点的水平和垂直距离,瓦片的坐标用 Px 和 Py 来表示,它们总是整数。

观察者:观察者是一个全局主体,它俯视着由海龟和瓦片组成的二维世界,能够执行指令,实现对模拟世界的控制或获取模拟世界的状态。

链(links):链只有两个端点(每个端点是一个海龟),没有坐标,链出现在两个端点之间,沿着可能的最短路连接,这意味着有时候甚至要沿着世界回绕。这类主体主要用于网络建模、几何学建模等。

虽然 Netlogo 是独立运行的平台系统,但在功能上它与 Swarm 一样,也为研究人员提供了丰富的类库供编码时调用。该类库按各函数涉及的主体不同,可分为 17 个类库:海龟、瓦片、主体集合(agentset)、颜色(color)、控制流和逻辑(control flow and logic)、世界(world)、视角(perspective)、hubnet、输入/输出(input/output)、文件(files)、列表(list)、字符串(string)、数学(mathematical)、绘图(plotting)、链、电影(movie)和系统(system)。具体的函数说明参见 Netlogo 用户手册中的Netlogo 词典。

7.2　仿真基本思路

在目前的税收政策下,通过前述研究,我们发现影响企业慈善捐赠行为的生成机制,主要有以下几个方面:

(1)实物捐赠和现金捐赠

当捐赠额度在税前利润的 12% 以内时,准予在计算应纳税所得额时扣除。对比实物捐赠和现金捐赠,当 $(c+s)V<V$,即 $c+s<1$ 时,$(1-t)$ $[R-(c+s)V]>(1-t)(R-V)$,从成本角度考虑,实物捐赠优于现金捐赠。当 $(c+s)V>V$,即 $c+s>1$ 时,$(1-t)[R-(c+s)V]<(1-t)(R-V)$,从成本角度考虑,现金捐赠优于实物捐赠。

(2)具有税前抵扣资格的非营利组织数量

在企业对直接捐赠和间接捐赠进行选择,以及对捐赠范围进行选择的过程当中,最明显的一点就是第三方机构即非营利性公益组织数量上的改变对企业慈善捐赠行为的影响。

(3)捐赠的税前抵扣比例

我国税法目前制定的所得税税前抵扣比例为税前利润的 12%。但通过案例研究,可以看出,税前抵扣比例的提高有助于促进企业慈善捐赠行为的发展。

由于这些要素的仿真设计涉及非常复杂的变量,模型设计相当复杂,限于对模型设计的能力,在此,我们分别套用 NetLogo 中的 3 个经典模型对上述的 3 个因素进行测度。测度的指标分别是实物捐赠和现金捐赠,具有抵扣资格的非营利组织数量,捐赠的税前抵扣比例。

本仿真中,根据采用的经典模型,来定义 turtles,patches 和 links。

7.3 操作过程

第一个问题关注实物捐赠和现金捐赠两个元素带来的影响差异;第二个问题关注的是具有抵扣资格的非营利组织数量多与少的影响差异;第三个问题关注的是捐赠的税前抵扣比例高与低的影响差异。根据模型比对,我们分别采用 NetLogo 中的三个经典模型。

(1)实物捐赠和现金捐赠

考虑到两者之间存在一定的竞争关系,即采用较多现金捐赠,将减少实物捐赠数量,我们采用 NetLogo 中的 wolf sheep predation 模型,即狼和羊之间的捕食关系,是生物学当中的经典模型之一。该模型是一个不稳定的变动模型,随着时间的推移,两者的数量在不断地波动。该模型主要探索的是捕食生态系统的稳定性。该模型当中两者之间的数据动态变化和捐赠方式有相同之处,我们可以将捐赠方式中的实物捐赠和现金捐赠分别类比为羊和狼的数量,两者之间存在着一定的竞争捕食关系,即现金捐赠的多寡会影响实物捐赠的多寡,但两者之间又不是单纯的竞争关系。比如对于企业来说,现金捐赠得多意味着企业在捐赠方面的支出比重也会增加,由此,会对实物捐赠的数量产生影响,会降低实物捐赠的比重,所以这两者之间是十分契合的。因此,我们将实物捐赠定为 sheep 数量,设置为 0~100;而现金捐赠设置为 0~50。那么模型当中,initial-

number-sheep 为 100,而 initial-number-wolves 为 50,运行模型,再观察。
设两者的 produce 均为 5%。

执行步骤如下:调整滑块参数,或使用默认设置。

按下设置按钮。

按下 GO 按钮开始模拟。

看一下显示器,观察目前的规模。

看看羊群和狼群的数量是如何随时间波动的。

运行之后,得到效果如图 7-1 所示,图上所示的 sheep 指的就是实物
捐赠,而 wolves 指的就是现金捐赠。从图形上看,当企业可以同时进行
现金和实物捐赠的选择时,企业在前期会更倾向于选择实物捐赠,后期会
加大对现金捐赠的投入。这也进一步验证了本书在案例分析中所检验的
假设,即当实物捐赠能够正常进行抵扣时,企业对实物捐赠也有很大的
兴趣。

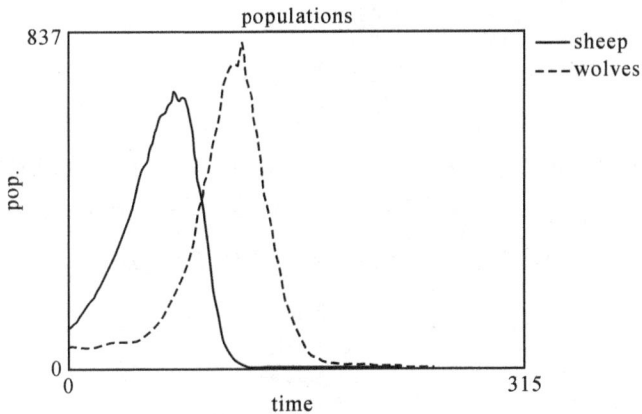

图 7-1　实物捐赠与现金捐赠仿真效果

(2)具有税前抵扣资格的非营利组织数量

随着具有税前抵扣资格的非营利组织数量的增加,企业慈善捐赠行
为会进一步增加,两者呈现正相关。基于此,采用 NetLogo 中的 plot
smoothing 模型。该模型中,两者呈现平滑的正相关关系。假设具有税
前抵扣资格的非营利组织为 n,设 n 值的变化为 $n = n +$ one-of [0 0 1],取
值从 0 开始,企业慈善捐赠行为用曲线来表示,所得结果如图 7-2 所示。

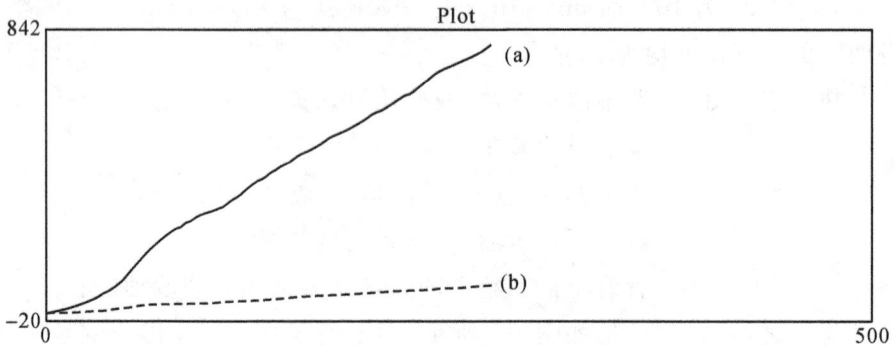

图 7-2　非营利组织数量变化仿真效果

　　图 7-2 中的(b)曲线上的 n 值即表示具有抵扣资格的非营利组织的数量,而(a)曲线表示的是企业慈善捐赠行为的变化。可见,当具有税前抵扣资格的非营利组织数量有变化时,企业的慈善捐赠行为会有较大的变动。

　　(3)捐赠的税前抵扣比例

　　我国税法目前制定的所得税税前抵扣比例为税前利润的 12％。但通过案例研究,可以看出,税前抵扣比例的提高有助于促进企业慈善捐赠行为的发展。同样利用 plot smoothing 模型,用 n 值表示捐赠的税前抵扣比例,而(b)曲线表示企业慈善捐赠行为。设 n 值的变化为 $n = n +$ one-of [0 1 1],以改变其变化速率,得到最终图像如图 7-3 所示。

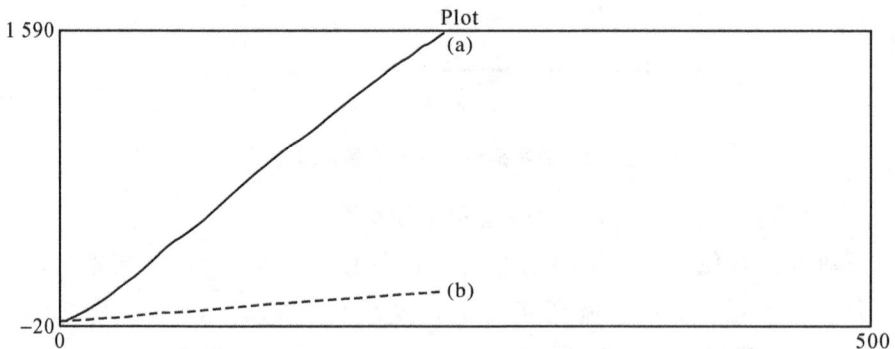

图 7-3　税前抵扣比例变化仿真效果

　　如图 7-3 所示,(a)曲线表示的 n 即捐赠的税前抵扣比例,而(b)曲线表示的是企业慈善捐赠的水平,可见,当企业慈善捐赠的税前比例有变化时,会对企业的慈善捐赠行为产生重要影响。

7.4　结果分析

第一,从结果中我们可以分析出,随着实物捐赠数量的增长,企业的慈善捐赠行为是呈现先增后减的,现金捐赠数量的改变也会带来类似的变化。也就是说,随着实物捐赠数量和现金捐赠数量的变化,企业的慈善捐赠呈现出两个不同的峰值状态,这说明在一定的范围之内,实物捐赠的效果会优于现金捐赠,但是当超过一定的范围之后,现金捐赠的效果又会优于实物捐赠。因此,在进行实物捐赠和现金捐赠的选择上,企业可以在一定范围内做出调整。实物捐赠能够进行正常的税前抵扣也就显得意义重大。

第二,从结果中我们可以分析出,随着具有税前抵扣资格的非营利组织数量的增加,企业慈善捐赠行为也必然会随之增加,虽然呈现一定的波动,但两者还是具有很明显的正相关性关系。因此,国家应加快对非营利组织的改革,大范围地增加具有税前抵扣资格的非营利组织的数量,这会极大地促进企业慈善捐赠的行为。

第三,从结果中我们可以分析出,税前抵扣比例的提高会促进企业慈善捐赠的发展。因此,国家应该考虑进一步提高企业慈善捐赠的税前抵扣比例并允许当年度的超额量可以进行跨年度的结转,这将进一步提高我国企业慈善捐赠行为的水平。

第 8 章　我国企业慈善捐赠税收政策的完善思路

通过第 3 章对我国企业慈善捐赠税收政策与国外相关政策进行的比较分析,以及第 5 章的实证研究和第 6 章的多案例分析,本书对我国现行企业慈善捐赠的税收政策的相关问题进行了深入探讨,并且进一步运用 NetLogo 仿真方法做了政策评估,仿真结果也再次验证了前面的论证结果。为此我们提出以下的建议或意见,期望对我国慈善捐赠事业的未来发展提供一定的借鉴。

8.1　我国企业慈善捐赠税收优惠政策的社会环境改进

就对企业慈善捐赠不利的社会环境来说,企业慈善捐赠的社会环境包括企业慈善捐赠的社会认知、企业发展阶段、公益组织发展状况及政府作用等因素。

8.1.1　改进企业对慈善捐赠行为的认知

目前,我国企业对慈善捐赠的行为及其社会意义还缺乏完整的认识,一些企业认为捐赠就是施善,是个人的随意行为,并且企业的本质是营利,以实现利益最大化为目标,没有将营利与慈善捐赠的社会意义联系起来。但很多研究都已表明,企业慈善捐赠行为对产品宣传、企业形象和合法性等方面都有正向影响。第 5 章的研究也表明了销售范围越大的企业越倾向于对企业慈善捐赠行为的实施,因此,建立一定的宣传和培训机制,改进企业对慈善捐赠行为的认知是非常有必要的。同时,结合第 3 章的分析可知,企业可以有针对性地实施企业慈善捐赠行为,并能同时兼顾企业利润和效用。

8.1.2　规范和引导企业慈善捐赠行为

我国企业慈善捐赠的实践处于刚刚起步的阶段,企业慈善捐赠行为缺乏规范和模式,捐赠的随意性强,可控性较差。目前,我国慈善捐赠往往带有"政府强制"的色彩,当需要捐赠的突发事件发生后,政府开始以"下任务"的形式要求各类企业进行募捐,这就违背了慈善捐赠的初衷,一定程度上抑制了企业对公益事业的捐赠行为。本书基于无锡企业调研数据得出的税收价格弹性在一定程度上是这一问题的反映,因此,如何分行业、分性质、分阶段地针对企业特质对慈善捐赠行为进行规范和引导是进一步要解决的问题。同时,结合第 4 章的分析结论,企业需要结合自身情况对捐赠方式、捐赠渠道及捐赠时机进行优化选择。如根据 NetLogo 仿真结论,企业在前期更倾向于选择实物捐赠,后期应加大对现金捐赠的投入。

8.1.3　加强政府职能部门的服务意识和宣传力度

政府职能部门的服务意识和宣传力度不够,导致很多企业对进行捐赠的税收机制知之甚少,更谈不上税收机制对企业慈善捐赠行为的影响了。因此,税务部门作为公共服务部门应该通过各种途径加大对企业慈善捐赠税前扣除政策的宣传,并且提供一些便捷的咨询服务,使更多的纳税人了解和理解税收政策,形成理性预期,从而缩短政策的传导时间。总之,企业慈善捐赠的社会环境的改善是长期系统的发展完善过程,需要管理学、会计学、经济学及法学等各个社会学科的共同推动。

8.2　我国企业慈善捐赠税收优惠政策的相关制度完善

8.2.1　提高我国企业慈善捐赠税收优惠政策的立法层次

除了前文列举的各国和地区以外,世界上还有很多其他国家和地区都以法律的形式规定着各种企业慈善捐赠的优惠政策,这样不仅提高了企业慈善捐赠税收法律法规的效力等级,统一税收法制,同时还加大了对税收立法的宣传力度。(蒋年华,2012)在本书的第 3 章,笔者对与我国企业慈善捐赠相关的政策进行了归纳总结,从而发现我国对慈善捐赠的各种优惠性规定散见于各类政府部门通知、函件之中,种类繁多,内容杂糅,钩稽关系异常复杂。对于信息不对称的企业来说,这些繁杂的规定很容易带来企业不同的理解,导致企业对抵扣标准的不明确。

鉴于此,我们建议相关政府部门成立专门的研究小组,及时对以往的各项政府通知、函件等相关文件进行系统化、规范化的整理,厘清各类规定的交叉关系,形成统一清晰的慈善捐赠优惠标准。在此基础上,我国还应该对这些优惠标准以法律制度的形式加以规范,提高各类捐赠人对慈善捐赠相关政策的认知及了解水平,这样做是将与慈善捐赠有关的政策法定化,同时也是对这些政策的一种良好的宣传,有利于促进企业进行慈善捐赠。当然,可喜的是,2016 年我国终于出台了第一部《慈善法》,这对于我国公益事业的健康发展有着重要意义。

8.2.2 扩大优惠政策的税种覆盖面,全方位发展慈善事业

由第 3 章的分析,通过比较各国与慈善捐赠相关的优惠政策及措施发现,其他国家和地区与慈善捐赠相关的优惠政策基本上覆盖到所得税、流转税、行为税及财产税等各种税类,并且相应的规定比较全面细致,优惠幅度较大。而我国除了在所得税类,流转税类中的增值税、消费税、营业税等主要税种方面规定了企业慈善捐赠的优惠措施外,税收优惠并没有广泛地覆盖到行为税及财产税类上,并且对于流转税类的各项优惠措施也相对较少,相应的优惠力度也不大,这将不利于促进我国慈善事业的发展。

我们建议国家在慈善捐赠优惠措施法定化的同时,充分考虑不同税种的优惠可能性。我们建议将优惠措施扩展到财产税类的房产税、城市房地产税、车船使用税、车船使用牌照税、船舶吨税、城镇土地使用税,资源税类的资源税,行为税类的城市维护建设税、固定资产投资方向调节税、契税、土地增值税、耕地占用税等不同税种上去,与此同时加大对所得税类及流转税类的税收抵扣力度。当然,对于这些捐赠抵扣优惠措施,我们建议也应该同以往的相关规定一并以法律的形式加以规范。

8.2.3 允许多种类型捐赠税前扣除,建立科学的捐赠评估体系

由第 6 章等前述分析,我们知道,迄今为止,我国企业主要的慈善捐赠方式是现金捐赠,而实物捐赠、劳务捐赠及股权捐赠等的数量都相对有限。导致这一倾向的原因包括:①我国现行的捐赠税收优惠措施基本上针对的都是现金捐赠,实物捐赠大多数都被视为销售,在会计法和税收法上不是统一的。不允许税前抵扣,限制了企业通过除了现金之外的其他方式进行捐赠。②我国缺乏实物捐赠、股权捐赠等捐赠方式的科学系统化的估价体系,对于如何估价、估价程序、估价专业机构、估价监管机构等一系列问题都没有相关规定。

因此,我们建议我国首先应放宽对捐赠方式的限制,允许进行实物捐赠、股权等有价财务捐赠的正常抵扣,增加我国企业及企业家的捐赠方式,让不同行业、不同性质的企业都能真正做到"有钱出钱,有力出力"。在放宽企业慈善捐赠方式限制的同时,建议相关部门制定或建立相应科学系统的有价证券等捐赠估值体系,从而确保此类捐赠的公平、公正、合法和合规。

2014 年,国务院下发了《国务院关于促进慈善事业健康发展的指导意见》,首次提出探索捐赠知识产权收益、技术、股权、有价证券等新型捐赠方式,鼓励设立慈善信托。

8.2.4 减少对税前抵扣比例的限制,创新税前抵扣方法

在对各国慈善捐赠相关法律法规进行比较之后,我们发现,我国的慈善捐赠税前扣除比例相比其他国家来说还是偏低的。根据萨勒的心理账户理论[1],我们知道,在规定了一定捐赠抵扣比例的情况下,企业法人也会无形之中为自己设定一个捐赠支出的心理账户,对于我国来说,企业心理账户是年度利润总额的 12%。也就是说,追求效用最大化的企业的慈

---

① 该理论是由芝加哥大学著名心理学家萨勒在 1980 年提出的。他指出:所谓心理账户就是人们在心里无意识地把财富划归不同的账户进行管理,不同的心理账户有不同的记账方式和心理运算规则;人们在做什么事情之前,一般都会根据自己的"心理账户"来决定事情的重要性,进而决定取舍。

善捐赠支出一般只会在 12% 以内,因此低的捐赠抵扣比例会直接造成低的捐赠支出。不仅如此,我国也缺乏慈善捐赠额向前结转抵扣的相关规定,这样不利于刺激捐赠者进行大额捐赠。

所以,为了更好地鼓励企业进行慈善捐赠,我们建议在适当提高企业捐赠税前抵扣比例的同时,国家还应该允许企业当年的公益性捐赠可以向前几年结转抵扣。这样一来,不仅能够刺激企业慈善捐赠的积极性,提高企业慈善捐赠心理账户的额度,促进企业做出慈善捐赠的决定,还能够激励各企业进行大额慈善捐赠。而具体的抵扣比例提高到什么水平最为恰当,我们认为仍需进行进一步的实证研究,因此本书没有提出具体的抵扣比例。至于捐赠额向前结转的规定,我们建议,可以参考我国关于企业经营亏损结转的相关规定来实施,比如对企业亏损年度进行的捐赠,可以允许企业向后结转,即允许企业向往年的企业所得税结转进行退税,或者允许企业自行选择与亏损一起向前结转,当然捐赠超额部分也允许向前结转;对正常盈利的企业来说,企业年度进行的捐赠,如果超过捐赠最高限额,超过的部分也应该允许向前结转。上述的向前结转具体可以结转几年,我们认为可以由相关政府部门根据我国税制及财政情况,酌情设置。捐赠税前抵扣比例的提升及对捐赠额允许向前结转的规定若能出台,将会有效激励企业进行慈善捐赠,促进企业的捐赠热情,从而促进我国慈善事业的发展。

2016 年《慈善法》第八十条对此进行了很好的完善,规定企业慈善捐赠支出超过法律规定的准予在计算企业所得税应纳税所得额时扣除的部分,允许结转以后 3 年内在计算应纳税所得额时扣除。

8.2.5 允许更多公益性慈善组织具有税前抵扣资格

在研究中,我们发现,我国目前具有全额抵扣资格的公益性慈善组织只有 21 家(不包括民政部批准的其他非营利性公益组织),范围覆盖到扶贫、教育、环保、科技、医药卫生、法律、妇女保护和儿童等方面,慈善覆盖领域有限,并且在每个领域具有抵扣资格的公益性组织数量有限。对食品安全、农民工权益保护、癌症预防、动物保护等多个领域中的公益性组织鲜有倾向性、扶持性的优惠规定或相关政策。近年来,我国在这些领域频频发生各类事故,但这些问题一直没有得到很好的解决,相关的公益性组织因为资金和能力有限也没有发挥出较大的帮扶作用,因此,对于相关领域慈善组织的优惠规定的缺失,严重制约着我国慈善事业全方位的发展。

我国财政部、国税总局及民政部在2008年12月联合下发了《关于公益性捐赠税前扣除有关问题的通知》(后简称《通知》)(财税〔2008〕160号),降低了非营利公益性组织的登记门槛,并扩大了慈善捐赠的优惠范围。[①] 但是,紧接着,在2009年,财政部和国家税务总局又发布了《关于非营利组织企业所得税免税收入问题的通知》等两个免税政策规范性文件,新规对非营利性机构的慈善抵扣资格提出了严苛的限制措施,限制了公益性机构的范围,也缩小了其所享受的免税收入范围。该新规受到了24家公益基金会的联署质疑及抵制。这两个新文件的发布无疑限制了各类公益性慈善组织的发展步伐,降低了其发展慈善事业的积极性,进而影响各地企业的慈善捐赠支出。

鉴于此,我们建议国家放开对非营利公益性组织的抵扣资格管控,适当降低非营利公益性组织的审核标准,并在规范对非营利公益性组织的审核标准的基础上,将符合标准的民办非企事业单位、基金会等纳入免税的范围内。同时,我们建议,我国政府要根据我国的基本国情和社会现状,阶段性地、有针对性地重点扶持某些领域内的非营利慈善组织,引导企业慈善捐赠流向国家重点需求的慈善事业领域。对以下几个方面的公益慈善组织应纳入税收优惠的范围:①支持教育事业和社会主义精神文明建设;②减轻贫困;③减轻自然灾害带来的损失;④支持妇女儿童事业发展;⑤支持科学技术发展;⑥支持残疾人事业发展。

8.2.6　加强对公益性组织的透明化及规范化管理

通过对无锡市部分企业的访谈,我们了解到,很多企业对非营利性慈善机构持有不信任的态度,他们甚至不相信一些慈善组织会真的将全部

---

① 财税〔2008〕160号规定公益捐赠减免税收政策开始由"特许制"转为"审核制",在民政部登记注册的所有符合《通知》第四条规定的非营利公益性社会团体和基金会均可享受优惠政策;符合《通知》第四条规定,在省级民政部注册的非营利性公益团体及基金会从2008年1月1日开始由省级财政部、税务部及民政部进行审核,不用再经过国家财政及民政部门批准。

捐赠资金用于慈善事业,有的公司建议"国家需要对公益性组织进行监控,而不是限制企业进行慈善"。这些不信任感,是由我国公益性慈善组织的财政不透明化、管理不规范化及善款使用流向不公开化所导致的。

迄今为止,我国的公益性事业除了在医疗卫生事业已经明确区分了非营利性医疗机构与营利性医疗机构以外,对其他慈善领域的非营利组织的非营利行为与营利行为均没有严格区分,导致了很多非营利性慈善机构的营利与非营利性行为均享受着国家的税收优惠待遇,尤其是在多次曝光的非营利性组织丑闻和滥用捐赠款事件之后,慈善组织已然丧失了社会公信力。公益性慈善组织是发展慈善事业的关键环节,也正因为其公益性质而享受了很多税收优惠待遇,得到国家的财政支持。为了能有效地使用捐赠者提供的捐赠,国家相关部门要严格区分公益组织进行的公益性和非公益性的生产经营活动。

我国财政部、税务部门等应成立专门的监控队伍对公益性组织的机构设置、财务管理等多方面进行严格的定期审查,及时对违规的慈善组织进行整改甚至取缔其组织资格。与此同时,还要建立严格的社会监督机制及针对慈善机构的管理评价体系,例如,引导企业对自身的慈善捐赠进行不定期的使用追踪;鼓励企业对其合作的慈善机构进行定期或不定期的信用评价;定期对各地慈善组织的公信力进行民意调查;由大众媒体对受赠人进行不定期的匿名访谈;要求每个享受税收优惠的慈善机构定期向社会公布其善款使用报告,并由具有资格的第三方审计机构对其慈善报告进行定期审计;等等。

8.2.7 有针对性地设计企业慈善捐赠的税收政策

对于提高税率,不同性质的企业反应程度不同,外资企业的反应程度高于民营企业,民营企业高于国有企业;对于允许前向结转扣除的反应,不同性质的企业反应程度的估计值从大到小依次为外资企业、民营企业及国有企业;对于允许后向结转扣除的反应,不同性质的企业反应程度的估计值从大到小依次为外资企业、民营企业及国有企业。总体来看,外资企业对企业慈善捐赠的税收政策反应最大,其次是民营企业,国有企业对税收政策的反应最不敏感。

从事制造业,信息传输、计算机服务和软件业,批发和零售业的企业对税收政策的反应程度较高。相对地，对企业慈善捐赠行为增加税前可扣除限额、调整税负率、调整税前扣除可结转政策的反应程度最高的是制造业企业。对企业慈善捐赠行为增加税前可扣除限额、调整税负率、调整税前扣除可结转政策的反应程度最高的是跨国经营企业。对企业慈善捐赠行为增加税前可扣除限额、调整税负率、调整税前扣除可结转政策的反应程度较高的是处于成长期和成熟期的企业。

第 9 章　结论与展望

　　本书主要研究的是企业慈善捐赠行为的税收优惠政策,通过对我国慈善捐赠的现状分析,对我国与世界各地的有关慈善捐赠的税收政策的梳理,对企业特点与税收政策相关性的大样本回归研究,以及对典型企业的多案例研究,并结合 NetLogo 的政策仿真,最后对我国企业慈善捐赠行为的税收政策给出了相应的改进建议。

　　在上述的分析过程之中,本书提出了我国优惠政策的不足,包括企业慈善捐赠税收政策立法层次不高并且相关的规定内容繁杂甚至冲突;税收抵扣优惠政策的激励性不足(包括对抵扣比例及抵扣方式的政策规定);企业慈善捐赠行为优惠税种覆盖面过窄;公益性机构管理失当;等等。

　　针对上述的不足,本书有针对性地提出了改进建议:提高我国慈善捐赠税收优惠政策的立法层次,制订出系统明确的优惠措施;扩大优惠政策的税种覆盖面,全方位地扶持慈善事业的发展;取消对捐赠方式的限制,允许多种捐赠税前扣除;减少扣除比例的限制,允许递延扣除,创新税前抵扣方法;允许更多慈善组织具有抵扣资格,扩大企业慈善捐赠的选择空间;加强对公益性组织的规范化及透明化管理;有针对性地设计企业慈善捐赠的税收政策。

　　虽然我们不断努力地进行更深入的理论分析和实践探索,但是总体看来,还是存在一些缺陷,具体为:①由于研究的复杂程度高,我们虽然运用 NetLogo 仿真方法对税收政策的实施过程和效应进行模拟和评估,但仅采用了已有的经典模型,模型匹配不够合理,没有突破现有政策评估方法在评估时间跨度和政策实施方面的局限。随着研究力度的不断加强,可以在后续研究中继续尝试采用 NetLogo 的仿真方法设计更为合理的模型,进行仿真处理。②税种设计的讨论重点关注的是所得税的税前抵扣,但缺乏对其他税种的深入分析,后续研究需要针对不同类型税种的设计进行深入研究。

同时,我们仅选取了无锡、大连和武汉的 5 个典型案例进行了调研,因此,样本企业的代表性有限。所以,为了更好地指导我国企业慈善捐赠行为税收政策的制订,需要对更多行业的典型案例做更全面的调研和跟踪分析,从而为不同行业的细分政策制订提出更有针对性的指导意见。

参考文献

[1] 财政部《税收制度国际比较》课题组，2006．日本税制［M］．北京：中国财政经济出版社．

[2] 曹贺，2007．关于完善我国慈善捐赠人税收优惠制度的探讨［D］．北京：中央财经大学．

[3] 曹洪彬，2006．我国捐赠的公共经济学分析［D］．厦门：厦门大学．

[4] 陈双全，2003．捐赠不仅是公关［EB/OL］．（2003-08-07）．http：//www.emkt.com.cn/article/116/11666.html.

[5] 柴重光，肖妍，2004．企业捐赠行为的所得税会计处理［J］．天津经济（3）：69-70．

[6] 蔡连增，2011．美国联邦所得税法外国税收抵免制度研究［M］．北京：科学出版社．

[7] 曹洪彬，2006．我国捐赠的公共经济学分析［D］．厦门：厦门大学．

[8] 陈宏辉，王鹏飞，2010．企业慈善捐赠行为影响因素的实证分析——以广东省民营企业为例［J］．当代经济管理（8）：17-24．

[9] 陈秀峰，付锐平，2011．中国慈善组织募捐现状及劝募有效性路径探讨［J］．学会（12）：19-24．

[10] 马伊里·杨团，2002．公司与社会公益［M］．北京：华夏出版社．

[11] 埃尔金顿，2005．茧经济：通向"企业公民"模式的企业转型［M］．上海：上海人民出版社．

[12] 冯俊贤，2010．慈善捐赠的税收优惠政策研究——中美日德比较［D］．广州：暨南大学．

[13] 樊丽明，郭建，2008．国外社会捐赠税收政策效应研究述评［J］．经

济理论与经济管理(7):66-70.

[14] 何汇江,2006. 慈善捐赠的动机与行为激励[J].商丘师范学院学报(3):149-151.

[15] 胡俊坤,2001. 我国公益救济性捐赠扣除政策存在的问题及改进意见[J].涉外税务(9):65-68.

[16] 黄桂香,黄华清,2008. 税收政策影响慈善捐赠行为的经济学分析[J].价格月刊(2):93-94.

[17] 黄国良,2012.非营利组织赞助者募款认知之研究:田野调查与多评准决策理论之应用[EB/OL]. http://140.117.77.69/pam_org/journal/review_2nd/2_3 doc.

[18] 黄靖,2011. 企业捐赠行为与税收政策关系的研究[D].杭州:浙江大学.

[19] 黄营杉,齐德彰,2005. 企业伦理、社会责任与公益作为之研究——以台湾高科技电子产业为例[J].人文暨社会科学期刊(2):65-82.

[20] 黄福宁,2009. 泛经济人假设与激励制度设计与应用[J].福建论坛(人文社会科学版)(9):33-36.

[21] 胡光平,2011. 企业慈善捐赠的税收政策研究[D].广州:暨南大学.

[22] 古小东,2003. 公司捐赠行为的法律规制[J].当代法学(5):123-125.

[23] 葛道顺,2003. 企业捐赠的理念和行为调查报告:北京[J].社会保障与社会政策系列(3):37-46.

[24] 葛道顺,2005. 我国慈善事业的现状和发展对策[J].新华文摘(10):13-15.

[25] 刘磊,2006. 企业捐赠的税收处理问题研究[J].税务研究(1):85-88.

[26] 刘敏,2004. 试论公司捐赠行为的法律约束机制[J].南方经济(7):27-29.

[27] 刘亚莉,2007. 公司捐赠税收优惠制度研究[J].安徽大学法律评论(2):65-73.

[28] 利昂·E.爱力舍,靳东升,卡拉·W.西蒙,2005. 世界银行委托课题研究报告:中国非营利组织适用税法研究[R].50-62.

[29] 李立清,2006. 企业社会责任评价理论与实证研究:以湖南省为例[J].南方经济(1):105-118.

[30] 罗伯特·K.殷,2004. 案例研究:设计与分析[M].3版.重庆:重庆大学出版社.

[31] 贝克尔,1993. 人类行为的经济分析[M].上海:生活·读书·新知三联书店上海分店.

[32] 金未,2005. 企业捐赠的会计处理及纳税调整[J].福建金融管理干部学院学报(1):25-29.

[33] 靳东升,2004. 非政府组织所得税政策的国际比较[J].涉外税务(10):23-27.

[34] 江希和,2007. 有关慈善捐赠税收优惠政策的国际比较[J].财会月刊(综合)(7):73-75.

[35] 蒋年华,2012. 我国企业公益捐赠的税收优惠政策研究[J].甘肃金融(1):34-38.

[36] 山立威,甘犁,郑涛,2008. 公司捐赠与经济动机——汶川地震后中国上市公司捐款的实证研究[J].经济研究(11):73-75.

[37] 密尔顿·弗里德曼,1991. 弗里德曼文萃[M].北京:北京经济学院出版社.

[38] 米尔顿·弗里德曼,1986. 资本主义与自由[M].北京:商务印书馆.

[39] 马小勇,许琳,2001. 慈善行为的经济学分析[J].西北大学学报(哲学社会科学版)(4):93-98.

[40] 彭海颖,2004. 浅谈企业捐赠活动中的纳税筹划[J].浙江万里学院学报,17(5):122-124.

[41] 茹长云,2001. 关于企业捐赠支出扣除标准问题的思考[J].河北审计(7):37-38.

[42] 任浩,陈子丰,徐雪松,2008. 企业慈善捐赠行为的经济学分析[J].经济理论研究(3):37-39.

[43] 孙海法,刘运国,方琳,2004. 案例研究的方法论[J].科研管理(2):107-112.

[44] 孙群,郑颖,2006. 现行捐赠行为税收政策解读[J].中国税务(11):12-14.

[45] 田雪莹,蔡宁,2009. 企业慈善捐赠行为研究——基于上海企业的实证分析[J].科技进步与对策(20):102-105.

[46] 吴俊彦,2010. 探讨我国公司慈善捐赠的税收优惠政策[J].财会研究(2):26-28.

[47] 吴勇敏,竺效,2001. 公益捐赠行为的法理剖析[J].浙江学刊(1):143-147.

[48] 吴勇敏,竺效,2001. 论公益捐赠行为的法律性质[J].浙江大学学报(人文社会科学版)(4):132-139.

[49] 项保华,张建东,2005. 案例研究方法和战略管理研究[J].自然辩证法通讯(5):62-66.

[50] 许婷,2008. 上市公司慈善捐赠影响因素实证研究——以 2006 年上市公司慈善排行榜为例[J].市场周刊(理论研究)(12):88-90.

[51] 沈琳,2010. 两岸三地慈善捐赠的税收政策之比较[J].财会研究(18):20-22.

[52] 徐麟,2005. 中国慈善事业发展研究[M].北京:中国社会出版社.

[53] 徐雪松,2006. 论企业慈善捐赠的十大动因[J].世界经济文汇(6):31-36.

[54] 杨团,葛道顺,2000. 企业与社会公益 II[M].北京:社会科学文献出版社.

[55] 杨团,2010. 中国慈善发展报告(2010)[M].北京:社会科学文献出版社.

[56] 杨龙军,2004. 美国非营利组织的税收制度及其借鉴[J].涉外税务(11):46-50.

[57] 姚俭建,JANET C,2003. 美国慈善事业的现状分析:一种比较视角[J].上海交通大学学报(哲学社会科学版)(1):13-18,47.

[58] 张传良,2005. 中外企业慈善捐赠状况对比调查[J].中国企业家(17):28-30.

[59] 张怡超,2006. 论公司慈善捐赠中的利益冲突与平衡[J].兰州商学院学报(3):10-15.

[60] 张莉,脱剑锋,2004. 公司捐赠的法律激励与约束[J].兰州大学学报(社会科学版)(2):125-128.

[61] 张馨,曹洪彬,施文泼,2006. 我国企业捐赠的实证研究[C]. 2006
年第六届中国经济学年会,67-71.

[62] 郑功成.1998. 慈善事业的理论解析[J].慈善(2):19-23.

[63] 钟骏华,梅玲,2004. 企业捐赠及接受捐赠的会计处理及纳税调整
新探[J].现代会计(6):20-21.

[64] 周要,2006. 企业捐赠伦理探析[D].长沙:湖南师范大学.

[65] 庄梅兰,2006. 中外企业捐赠模式比较研究[J].鞍山科技大学学报
(2):198-201.

[66] 钟宏武,2008. 慈善捐赠与企业竞争力——中国企业竞争力研究报
告[M].北京:中国社会科学文献出版社.

[67] 钟宏武,2007. 企业捐赠作用的综合解析[J].中国工业经济(2):75-
83.

[68] 朱巍巍,2005. 发展慈善事业构建和谐社会[J].中国民政(7):23.

[69] 朱为群,2002. 捐赠行为的税收政策效应分析[J].财政研究(11):
62-65.

[70] 朱迎春,2012. 企业慈善捐赠税收政策效应的国外研究述评[J].华
东经济管理(7):120-123.

[71] 朱迎春,2010. 我国企业慈善捐赠税收政策激励效应——基于2007
年度我国A股上市公司数据的实证研究[J].当代经济 (1):36-42.

[72] ANDEWS F E,1952. Corporation giving[M]. New York: Rusell
Sage Foundation.

[73] ANDREONI J,1990. Impure altruism and donations to public
goods: a theory of warm-glow giving[J]. The Economic Journal,
100(401):464-477.

[74] ANDREONI J,1993. An experimental test of the public goods:
crowding-out hypothesis[J]. American Economic Review,83(5):
1317-1327.

[75] ARULAMPALAM W, STONEMAN P,1995. An investigation
into the givings by large corporate donors to UK charities,1979-86
[J]. Applied Economics,27(10):935-945.

[76] ATKINSON L,GALASKIEWICZ J,1988. Stock ownership and

company contributions to charity [J]. Administrative Science Quarterly,33(1):82-100.

[77] AUTEN G E, SIEG H, CLOTFELTER C T, 2002. Charitable giving, income, and taxes: an analysis of panel data[J]. American Economic Review,92(1):371-382.

[78] BASSEY M,1999. Case study research in education settings[M]. Buckingham and Philadelphia: Open University Press.

[79] BECKER G S,1974. A theory of social interactions[J]. Journal of Politics Economy, 82(6):1063-1093.

[80] BENNETT J T, MANUEL H J,1980. Corporate contributions: some additional considerations[J]. Public Choice,35(2):137-143.

[81] BETTINA C T,LEONARD V C, 2005. Corporate sponsorship of a cause: the role of identification in purchase intent[J]. Journal of Business Research ,58(3):268-276.

[82] BOATSMAN J R, GUPTA S,1996. Taxes and corporate charity: empirical evidence from micro-level panel data[J]. National Tax Journal,49(2):193-213.

[83] BRUCE S, SARA A M, BARBARA R B, 2003. Comparing big givers and small givers: financial correlates of corporate philanthropy[J]. Journal of Business Ethics, 45(3):195-211.

[84] BROWNA W O, HELLANDA E, SMITHC J K, 2006. Corporate philanthropic practices[J]. Journal of Corporate Finance,12(5):855-877.

[85] BOATSMAN J R, GUPTA S, 1996. Taxes and coporate giving charity: empirical evidence from micro-level panel data [J]. National Tax Journal, 49(2):193-213.

[86] BORIS I B,1971. "The propriety and vitality of a federal income tax deduction for private philanthropy" in tax impacts on philanthropy symposium conducted by the tax[J]. Institute of America(12) :2-3.

[87] BRYAN W H, JOSE D J S, 2006. Taking friedmam seriously: maximizing profits and social performance [J]. Journal of

Management Studies，43(1)：75-91.

[88] CARROLL A B,1999. Corporate social responsibility[J]. Business and Society，38(3)：268-295.

[89] CARROLL A B, 1979. A three-dimensional conceptual model of corporate performance[J]. Academy of Management Review，4 (4)：497-505.

[90] CARROLL R，JOULFAIAN D，2005. Taxes and corporate giving to charity[J]. Public Finance Review，33(3)：300-317.

[91] CAMPBELL L，GULAS C S，GRUCA T S，1999. Corporate giving behaviour and decision-maker social consciousness [J]. Journal of Bussiness Ethics,19(4)：375-383.

[92] GERALD E A, HOLGER S, CHARLES T C, 2002. Charitable giving，income，and taxes：an analysis of panel data[J]. American Economic Review,92(1)：372-382.

[93] CHARLES T C,1990. The impact of tax reform on charitable giving：a 1989 perspective [R]. NBER Working Papers 3273, National Bureau of Economic Research，Inc.

[94] COLLINS M，1992. Global-corporate philanthropy：marketing beyond the call of duty? [J]. European Journal of Marketing,27 (2)：46-58.

[95] COLLINS M,1994. Global-corporate philanthropy and relationship marketing[J]. European Management Journal,12(2)：226-233.

[96] COMES R,SANDLER T,1986. The theory of externalities：public goods and club goods[M]. Cambridge：Cambridge University Press.

[97] CHRISTOPHER M，MARYANN G，GERALD F D，2007. Community isomorphism and corporate social action[EB/OL]. http://www. people. hbs. edu/cmarquis/marquis glynndavis AMR forthcoming. pdf .

[98] CLOTFELTER C T,1985. Federal tax policy and charitable giving [M]. Chicago：University of Chicago Press.

［99］KREPS D M，WILSON R，1982. Reputation and imperfect information［J］. Journal of Economic Theory，27（2）：253-279.

［100］DAVID C，RICHARD S，2006. Public visibility as a determinant of the rate of corporate charitable donations［J］. Business Ethics：A European Review，15（1）：19-28.

［101］DAY K M，DEVLIN R A，2004. Do government expendures crowd out corporate contributions［J］. Public Finance Review ，32（4）：404-425.

［102］EDMONDSON V C，CARROLL A B，1999. Giving back：an examination of the philanthropic motivations，orientations and activities of large black owned businesses［J］. Journal of Bussiness Ethics，19（2）：171-179.

［103］BLAKE B E，1988. Charity，Philanthropy and stewardship：a philosophical perspective on tax reform，7：2 Philanthropy［EB/OL］. http：//www. ohlj. ca/archive/articles/42_1_duff. pdf.

［104］ERIC H，JANET K S，2001. An analysis of corporate philanthropic practice ［EB/OL］. http：//fei. claremontmckenna. edu/papers/pdf/2004-03. pdf.

［105］GERALD E A，HOLGER S，CHARLES T C，2002. Charitable giving，income，and taxes：an analysis of panel data［J］. American Economic Review，92（1）：371-382.

［106］GOLDBERG M，1979. 1ncentives and compensation of corporate managers：an application to charitable contributions ［M］. Chicago：University of Chicago.

［107］GRAHN J L，HANNAFORD W J，LAVERTY K J，1987. Corporate philanthropy and marketing strategy，a review and directions for research in AMA educators proceeding（Series 53）［M］. Chicago：American Marketing Association.

［108］GRIFFIN J J，MAHON J F，1997. The corporate social performance and corporate financial performance debate：twenty-five years of incomparable research［J］. Business and Society，36

(1):5-31.

[109] HALEY U C V, 1991. Corporate contributions as managerial masques: reframing corporate contributions as strategies to influence society[J]. Journal of Management Studies, 28 (5): 485-510.

[110] HARBAUGH W T, 1998. What do donations buy? a model of philanthropy based on prestige and warm gow[J]. Journal of Public Economics, 67(2):269-284.

[111] HENRY C S, 1938. Personal income taxation: the definition of income as a problem of fiscal policy[M]. Chicago: University of Chicago Press.

[112] JAMES A S, 1999. The evolving american foundation, philanthropy and the nonprofit sector in a changing America[M]. Bloomington: Indiana University Press.

[113] JOHN D C, 2001. The marketing of philanthropy and the charitable contributions deduction: integrating theories for the deduction and tax exemption[J]. Wake Forest Law Review, 36 (3):657.

[114] JOHNSON O, 1996. Corporate philanthropy: an analysis of corporate contributions[J]. The Journal of Business, 39 (4): 489-504.

[115] KATARINA S, 2007. Essays on philanthropy[D]. Center for Economics Research and Graduate Education Charles University Prague.

[116] KEDIA B L, KUNTX E C, 1981. The context of social performance: an empirical study of Taxes banks [D]. Greeenwich: Research in corporate social performance and policy (1):88-122.

[117] LERNER L D, FRYXELL G E, 1994. CEO stakeholder attitudes and corporate social activity in the Fortune 500[J]. Business and Society, 33(1):58-81.

[118] LEVY F K, SHATTO G M,1980. The evaluation of corporate contributions: a reply [J]. Public Choice,35(2):145-149.

[119] MARX J D,1999. Corporate philanthropy: what is the strategy? [J]. Nonprofit and Voluntary Sector Quarterly,28(2):185-198.

[120] LECLAIR M S, GORDON K, 2000. Corporate support for artistic and culture activities, what determines the contribution of corporate giving? [J]. Journal of Cultural Economics,24(3):225-241.

[121] MATIN S A,1985. An essential grace[D]. Toronto: McClelland & Stewart Press.

[122] MCELROY K M, SIEGFRIED J J,1985. The effect of firm size on corporate philanthropy[J]. Quarterly Review of Economics and Business,25(2):18-26.

[123] MICHAEL E P, MARK R K, 2002. The competitive advantage of corporate philanthropy[J]. Harvard Business Review,80(12):56-68.

[124] MICHAEL E P, 2003. Corporate philanthropy: taking the high ground[J]. New York City(5):14.

[125] MICHAEL E P, 2000,Motives for corporate philanthropy in El Salvador[J]. Altruism and Political Legitimacy, 27(4):363-375.

[126] NAVARRO P,1988. Why do corporations give to charity? [J]. Journal of Business,61(1):65-93.

[127] NEIHEISEL S R, 1994. Corporate strategy and the politics of goodwill: a political analysis of corporate philanthropy in America [M]. New York: Peter Lang Publishing Inc.

[128] NELSON R L,1970. Economic factors in the growth of corporate giving[J]. Southern Elonomir Journal, 23(1): 402.

[129] OLSON M,1965. The Logic of Collective Action[M]. Harvard: Harvard University Press.

[130] O'HAGAN J, HARVEY D, 2000. Why do companies sponsor art events? some evidence and a proposed classification [J]. Journal of Cultural Economics, 24(3):205-224.

[131] PAUL C G, 2005. The relationship between corporate philanthropy and

shareholder wealth: a risk management perspective[J]. Academy of Management Review,30(4):777-798.

[132] PAMELA G, ROBERT M, 2001. Taxes and charitable giving [J]. National Tax Journal,54(3):433-454.

[133] ROBERTS R D,1896. Federal tax policy and charitable giving (book review)[J]. Journal of Economic Literature, 24(2):708.

[134] REECE W S, 1979. Charitable contributions: new evidence on household behavior[J]. American Economic Review, 69 (1): 142-151.

[135] RANDOLPH W C, 1995. Dynamic income, progressive taxes, and the timing of charitable contributions[J]. Journal of Political Economy,103(4):709-738.

[136] ROGER M L, 2002. The virtue matrix: calculating the return on corporate responsibility[J]. Harvard Business Review, 80 (3): 69-75, 132.

[137] RICHARD G, 2005. The individual income tax[M]. Columbia: University of British Columbia Press.

[138] ROBERT M H,1921. The concept of income: economic and legal aspects: the federal income tax[M]. New York: Columbia University Press,59.

[139] SANCHEZ C M, COWTON C J,1987. Corporate philanthropy in the U.K[J]. Journal of Bussiness Ethics,6(7):553-558.

[140] SCHWARTZ R A, 1968. Corporate philanthropic contributions [J]. Journal of Finance,23(3): 479-497.

[141] STAKE R E, 2000. Case studies[A]. DENZIN N K, LINCOIN Y S, Handbook of qualitative research[C]. Thousand Oaks. CA: Sage Publication,435-454.

[142] STEPHEN B, ANDREW M, 2006. Firm size, organizational visibility and corporate philanthropy: an empirical analysis[J]. Business Ethics: A European Review,15(1):6-18.

[143] SONNEMANS J, SCHRAM A, OFFERMAN T,1999. Strategic

behavior in public good games: when partners drift apart[J]. Economics Letters(62):35-41.

[144] STEINBERG R,1987. Voluntary donations and public expenditures in a federalist system[J]. American Economics Review, 77(1):24-36.

[145] THOMPSON J K, HOOD J N,1993. The practice of corporate social performance in minority vs nonminority-owned small business[J]. Journal of Business Ethics, 12(3):197-206.

[146] USEEM M,1988. Market and institutional forces in corporate contributions[J]. California Management Review,30(2):77-88.

[147] WANG J,BETTY S C,1992. Board composition and corporate philanthropy[J]. Journal of Business Ethics, 11(10):771-778.

[148] WEBSTER F E J,1975. Determining the characteristics of the socially conscious consumer[J]. Journal of Consumer Research,2(3):188-196.

[149] WILLIAMSON O E, 1964. The economics of discretionary behavior: mangerial objectives in a theory of the firm[M]. Engle wood Cliffs, N. J. :Prentice Hall Inc.

[150] YIN R K 2003. Case study research: design and methods: [M]. 3rd ed. Thousands Oaks: Sage Publications.

附表1 414家企业调查问卷数据分类汇总

企业分类	企业的慈善捐赠活动与国家的税收政策相关性	频数	提高所得税税前扣除限额对企业的慈善捐赠的影响	频数	提高所得税税收负担率对企业的慈善捐赠的影响	频数	允许前向结转扣除对企业的慈善捐赠的影响	频数	允许后向结转扣除对企业的慈善捐赠的影响	频数
国有企业	无关	2	增加	5	增加	1	增加	1	增加	0
民营企业	无关	28	增加	42	增加	7	增加	17	增加	12
外资企业	无关	77	增加	86	增加	11	增加	24	增加	18
国有企业	有关	13	不变	3	不变	4	不变	2	不变	3
民营企业	有关	118	不变	34	不变	50	不变	24	不变	25
外资企业	有关	176	不变	62	不变	80	不变	48	不变	52
国有企业	/		减少	0	减少	3	减少	1	减少	1
民营企业	/		减少	2	减少	21	减少	3	减少	7
外资企业	/		减少	2	减少	49	减少	9	减少	11
制造业	无关	166	增加	97	增加	15	增加	28	增加	22
电力、燃气及水的生产和供应业	无关	3	增加	2	增加	0	增加	0	增加	0
建筑、交通运输、仓储和邮政业	无关	2	增加	1	增加	0	增加	0	增加	0
信息传输、计算机服务和软件业	无关	41	增加	3	增加	1	增加	1	增加	0
批发和零售业	无关	14	增加	9	增加	3	增加	5	增加	5
住宿和餐饮业	无关	1	增加	0	增加	0	增加	0	增加	0
金融业	无关	1	增加	1	增加	0	增加	0	增加	0

企业分类	企业的慈善捐赠活动与国家的税收政策相关性	频数	提高所得税税前扣除限额对企业的慈善捐赠的影响	频数	提高所得税税收负担率对企业的慈善捐赠的影响	频数	允许前向结转扣除对企业的慈善捐赠的影响	频数	允许后向结转扣除对企业的慈善捐赠的影响	频数
房地产业	无关	10	增加	3	增加	0	增加	4	增加	1
租赁和商务服务业	无关	0	增加	1	增加	0	增加	0	增加	0
文化、体育和娱乐业	无关	1	增加	1	增加	0	增加	0	增加	0
其他	无关	10	增加	5	增加	0	增加	4	增加	2
制造业	有关	44	不变	73	不变	99	不变	55	不变	58
电力、燃气及水的生产和供应业	有关	1	不变	2	不变	3	不变	0	不变	0
建筑、交通运输、仓储和邮政业	有关	5	不变	1	不变	2	不变	1	不变	1
信息传输、计算机服务和软件业	有关	1	不变	0	不变	2	不变	1	不变	2
批发和零售业	有关	20	不变	7	不变	8	不变	9	不变	8
住宿和餐饮业	有关	0	不变	1	不变	1	不变		不变	
金融业	有关	1	不变	1	不变	2	不变	1	不变	1
房地产业	有关	9	不变	5	不变	6	不变	5	不变	6
租赁和商务服务业	有关	1	不变	0	不变	0	不变	0	不变	0
文化、体育和娱乐业	有关	0	不变	0	不变	0	不变	0	不变	0
其他	有关	19	不变	9	不变	11	不变	2	不变	4
制造业	/		减少	1	减少	57	减少	9	减少	12
电力、燃气及水的生产和供应业	/		减少	0	减少	1	减少	0	减少	0
建筑、交通运输、仓储和邮政业	/		减少	1	减少	1	减少	0	减少	0
信息传输、计算机服务和软件业	/		减少	0	减少	0	减少	1	减少	1
批发和零售业	/		减少	1	减少	6	减少	2	减少	3

续　表

企业分类	企业的慈善捐赠活动与国家的税收政策相关性	频数	提高所得税税前扣除限额对企业的慈善捐赠的影响	频数	提高所得税税收负担率对企业的慈善捐赠的影响	频数	允许前向结转扣除对企业的慈善捐赠的影响	频数	允许后向结转扣除对企业的慈善捐赠的影响	频数
住宿和餐饮业	/		减少	0	减少	0	减少	0	减少	0
金融业	/		减少	0	减少	0	减少	0	减少	0
房地产业	/		减少	0	减少	2	减少	0	减少	2
租赁和商务服务业	/		减少	0	减少	1	减少	0	减少	0
文化、体育和娱乐业	/		减少	0	减少	1	减少	0	减少	0
其他	/		减少	1	减少	4	减少	1	减少	1
本地(市)	无关	30	增加	18	增加	18	增加	7	增加	5
本省	无关	14	增加	3	增加	3	增加	4	增加	4
全国	无关	59	增加	43	增加	43	增加	13	增加	10
国内和国外	无关	109	增加	69	增加	59	增加	18	增加	11
本地(市)	有关	30	不变	17	不变	17	不变	9	不变	10
本省	有关	10	不变	12	不变	12	不变	10	不变	9
全国	有关	57	不变	18	不变	18	不变	16	不变	10
国内和国外	有关	104	不变	52	不变	56	不变	39	不变	41
本地(市)	/	减少	0	减少	7	减少	1	减少	1	
本省	/	减少	0	减少	4	减少	1	减少	1	
全国	/	减少	2	减少	28	减少	5	减少	5	
国内和国外	/	减少	2	减少	34	减少	6	减少	6	
初创期	无关	5	增加	2	增加	0	增加	2	增加	2
成长期	无关	112	增加	78	增加	14	增加	25	增加	17
成熟期	无关	87	增加	39	增加	5	增加	13	增加	10
衰退期	无关	9	增加	4	增加	0	增加	2	增加	2
初创期	有关	6	不变	3	不变	4	不变	3	不变	4
成长期	有关	23	不变	51	不变	79	不变	40	不变	44
成熟期	有关	65	不变	43	不变	51	不变	22	不变	25

续　表

企业分类	企业的慈善捐赠活动与国家的税收政策相关性	频数	提高所得税税前扣除限额对企业的慈善捐赠的影响	频数	提高所得税税收负担率对企业的慈善捐赠的影响	频数	允许前向结转扣除对企业的慈善捐赠的影响	频数	允许后向结转扣除对企业的慈善捐赠的影响	频数
衰退期	有关	7	不变	2	不变	0	不变	9	不变	7
初创期	/		减少	0	减少	1	减少	0	减少	0
成长期	/		减少	4	减少	40	减少	7	减少	11
成熟期	/		减少	0	减少	29	减少	6	减少	6
衰退期	/		减少	0	减少	3	减少	0	减少	2

附表 2　经济性质 ＊ 提高税前扣除限额

参数估计值

效果	参数	估计	标准误	Z	Sig.	95％ 置信区间	
						下限	上限
经济性质 ＊ 提高税前扣除限额对企业捐赠的影响	1	−0.379	0.308	−1.228	0.219	−0.983	0.226
	2	−0.502	0.333	−1.508	0.132	−1.155	0.150
	3	0.051	0.229	0.225	0.822	−0.397	0.500
	4	0.171	0.239	0.718	0.473	−0.297	0.640
经济性质	1	−1.221	0.259	−4.723	0.000	−1.728	−0.715
	2	0.393	0.204	1.927	0.054	−0.007	0.793
提高所得税税前扣除限额对企业的慈善捐赠的影响	1	0.962	0.181	5.306	0.000	0.607	1.318
	2	0.634	0.193	3.290	0.001	0.256	1.012

附表 3　经济性质 * 提高所得税的税收负担率

参数估计值

效果	参数	估计	标准误	Z	Sig.	95% 置信区间	
						下限	上限
经济性质 * 提高所得税税收负担率对企业的慈善捐赠的影响	1	0.275	0.411	0.669	0.504	−0.531	1.080
	2	−0.277	0.310	−0.894	0.371	−0.885	0.330
	3	−0.063	0.271	−0.233	0.816	−0.595	0.468
	4	0.193	0.194	0.999	0.318	−0.186	0.573
经济性质	1	−1.490	0.249	−5.988	0.000	−1.978	−1.002
	2	0.457	0.161	2.845	0.004	0.142	0.772
提高所得税税收负担率对企业的慈善捐赠的影响	1	−0.924	0.226	−4.078	0.000	−1.367	−0.480
	2	0.727	0.167	4.355	0.000	0.400	1.054

附表 4　经济性质 * 允许前向结转扣除

参数估计值

效果	参数	估计	标准误	Z	Sig.	95% 置信区间	
						下限	上限
经济性质 * 允许前向结转扣除对企业的慈善捐赠的影响	1	−0.284	0.441	−0.644	0.519	−1.149	0.581
	2	−0.284	0.392	−0.723	0.470	−1.053	0.485
	3	0.310	0.278	1.118	0.264	−0.234	0.854
	4	0.137	0.253	0.540	0.589	−0.359	0.633
经济性质	1	−1.466	0.304	−4.822	0.000	−2.061	−0.870
	2	0.397	0.206	1.925	0.054	−0.007	0.800
允许前向结转扣除对企业的慈善捐赠的影响	1	0.114	0.238	0.480	0.631	−0.352	0.580
	2	0.624	0.213	2.933	0.003	0.207	1.041

附表 5　经济性质 * 允许后向结转扣除

参数估计值

效果	参数	估计	标准误	Z	Sig.	95% 置信区间	
						下限	上限
经济性质 * 允许后向结转扣除对企业的慈善捐赠的影响	1	−0.103	0.434	−0.237	0.813	−0.954	0.749
	2	−0.123	0.360	−0.342	0.732	−0.829	0.582
	3	0.112	0.270	0.416	0.678	−0.417	0.642
	4	−0.043	0.227	−0.187	0.851	−0.487	0.402
经济性质	1	−1.441	0.292	−4.943	0.000	−2.013	−0.870
	2	0.464	0.186	2.499	0.012	0.100	0.827
允许后向结转扣除对企业的慈善捐赠的影响	1	−0.180	0.234	−0.768	0.443	−0.638	0.279
	2	0.688	0.194	3.538	0.000	0.307	1.069

附表 6 所属行业 * 提高所得税税前扣除限额

参数估计值

效果	参数	估计	标准误	Z	Sig.	95％ 置信区间	
						下限	上限
	1	1.186	0.306	3.875	0.000	0.586	1.786
	2	0.937	0.309	3.036	0.002	0.332	1.541
	3	−0.130	0.520	−0.249	0.803	−1.149	0.890
	4	−0.096	0.521	−0.185	0.854	−1.117	0.925
	5	−0.300	0.626	−0.479	0.632	−1.526	0.927
	6	−0.266	0.626	−0.425	0.671	−1.494	0.961
	7	0.265	0.503	0.527	0.598	−0.721	1.251
	8	−0.549	0.598	−0.918	0.359	−1.721	0.623
所属行业 * 提高所得税税前扣除限额对企业的慈善捐赠的影响	9	0.394	0.373	1.057	0.290	−0.337	1.125
	10	0.191	0.384	0.498	0.618	−0.561	0.944
	11	−0.300	0.626	−0.479	0.632	−1.526	0.927
	12	−0.266	0.626	−0.425	0.671	−1.494	0.961
	13	−0.300	0.626	−0.479	0.632	−1.526	0.927
	14	−0.266	0.626	−0.425	0.671	−1.494	0.961
	15	−0.168	0.457	−0.367	0.713	−1.064	0.728
	16	0.317	0.426	0.745	0.456	−0.517	1.152
	17	−0.300	0.626	−0.479	0.632	−1.526	0.927
	18	−0.266	0.626	−0.425	0.671	−1.494	0.961
	19	−0.300	0.626	−0.479	0.632	−1.526	0.927
	20	−0.266	0.626	−0.425	0.671	−1.494	0.961

续 表

效果	参数	估计	标准误	Z	Sig.	95% 置信区间	
						下限	上限
所属行业	1	2.123	0.280	7.592	0.000	1.575	2.671
	2	−0.226	0.386	−0.585	0.559	−0.981	0.530
	3	−0.566	0.444	−1.275	0.202	−1.437	0.304
	4	−0.284	0.403	−0.704	0.482	−1.074	0.507
	5	0.586	0.313	1.874	0.061	−0.027	1.198
	6	−0.566	0.444	−1.275	0.202	−1.437	0.304
	7	−0.566	0.444	−1.275	0.202	−1.437	0.304
	8	0.149	0.344	0.434	0.664	−0.525	0.824
	9	−0.566	0.444	−1.275	0.202	−1.437	0.304
	10	−0.566	0.444	−1.275	0.202	−1.437	0.304
提高所得税税前扣除限额对企业的慈善捐赠的影响	1	0.300	0.168	1.789	0.074	−0.029	0.628
	2	0.266	0.169	1.572	0.116	−0.066	0.598

附表 7 所属行业 ＊ 提高所得税税收负担率

参数估计值

效果	参数	估计	标准误	Z	Sig.	95％ 置信区间 下限	95％ 置信区间 上限
	1	−0.688	0.240	−2.861	0.004	−1.159	−0.217
	2	0.387	0.190	2.036	0.042	0.014	0.759
	3	0.086	0.601	0.144	0.886	−1.091	1.264
	4	0.149	0.500	0.298	0.766	−0.831	1.129
	5	0.198	0.609	0.326	0.745	−0.996	1.393
	6	−0.075	0.540	−0.139	0.889	−1.134	0.983
	7	0.198	0.609	0.326	0.745	−0.996	1.393
	8	−0.075	0.540	−0.139	0.889	−1.134	0.983
所属行业 ＊ 提高所得税税收负担率对企业的慈善捐赠的影响	9	−0.133	0.401	−0.333	0.739	−0.918	0.652
	10	−0.031	0.328	−0.093	0.926	−0.674	0.613
	11	0.369	0.629	0.586	0.558	−0.864	1.601
	12	−0.416	0.623	−0.667	0.505	−1.638	0.806
	13	0.198	0.609	0.326	0.745	−0.996	1.393
	14	−0.075	0.540	−0.139	0.889	−1.134	0.983
	15	−0.290	0.570	−0.509	0.610	−1.407	0.826
	16	0.392	0.422	0.928	0.353	−0.435	1.218
	17	0.369	0.629	0.586	0.558	−0.864	1.601
	18	−0.416	0.623	−0.667	0.505	−1.638	0.806
	19	0.369	0.629	0.586	0.558	−0.864	1.601
	20	−0.416	0.623	−0.667	0.505	−1.638	0.806

续　表

效果	参数	估计	标准误	Z	Sig.	95% 置信区间	
						下限	上限
所属行业	1	2.734	0.151	18.129	0.000	2.438	3.030
	2	−0.376	0.402	−0.935	0.350	−1.163	0.412
	3	−0.488	0.415	−1.176	0.239	−1.301	0.325
	4	−0.488	0.415	−1.176	0.239	−1.301	0.325
	5	0.691	0.255	2.711	0.007	0.191	1.191
	6	−0.658	0.443	−1.486	0.137	−1.526	0.210
	7	−0.488	0.415	−1.176	0.239	−1.301	0.325
	8	0.001	0.354	0.003	0.998	−0.693	0.695
	9	−0.658	0.443	−1.486	0.137	−1.526	0.210
	10	−0.658	0.443	−1.486	0.137	−1.526	0.210
提高所得税税收负担率对企业的慈善捐赠的影响	1	−0.369	0.179	−2.065	0.039	−0.719	−0.019
	2	0.416	0.158	2.629	0.009	0.106	0.726

附表8 所属行业 * 允许前向结转扣除

参数估计值

效果	参数	估计	标准误	Z	Sig.	95% 置信区间 下限	95% 置信区间 上限
	1	0.045	0.233	0.194	0.846	−0.412	0.503
	2	0.637	0.223	2.850	0.004	0.199	1.075
	3	−0.099	0.628	−0.157	0.875	−1.329	1.132
	4	−0.174	0.628	−0.277	0.782	−1.404	1.057
	5	−0.099	0.628	−0.157	0.875	−1.329	1.132
	6	−0.174	0.628	−0.277	0.782	−1.404	1.057
	7	−0.099	0.628	−0.157	0.875	−1.329	1.132
	8	−0.174	0.628	−0.277	0.782	−1.404	1.057
	9	−0.018	0.378	−0.048	0.962	−0.758	0.722
所属行业 * 允许前向结转扣除对企业的慈善捐赠的影响	10	0.453	0.349	1.299	0.194	−0.231	1.137
	11	−0.099	0.628	−0.157	0.875	−1.329	1.132
	12	−0.174	0.628	−0.277	0.782	−1.404	1.057
	13	−0.099	0.628	−0.157	0.875	−1.329	1.132
	14	−0.174	0.628	−0.277	0.782	−1.404	1.057
	15	0.201	0.434	0.462	0.644	−0.650	1.051
	16	0.326	0.421	0.774	0.439	−0.500	1.152
	17	−0.099	0.628	−0.157	0.875	−1.329	1.132
	18	−0.174	0.628	−0.277	0.782	−1.404	1.057
	19	−0.099	0.628	−0.157	0.875	−1.329	1.132
	20	−0.174	0.628	−0.277	0.782	−1.404	1.057

续　表

效果	参数	估计	标准误	Z	Sig.	95% 置信区间	
						下限	上限
所属行业	1	2.314	0.174	13.314	0.000	1.973	2.654
	2	−0.487	0.445	−1.095	0.273	−1.358	0.384
	3	−0.487	0.445	−1.095	0.273	−1.358	0.384
	4	−0.487	0.445	−1.095	0.273	−1.358	0.384
	5	0.732	0.280	2.616	0.009	0.184	1.280
	6	−0.487	0.445	−1.095	0.273	−1.358	0.384
	7	−0.487	0.445	−1.095	0.273	−1.358	0.384
	8	0.312	0.336	0.929	0.353	−0.347	0.972
	9	−0.487	0.445	−1.095	0.273	−1.358	0.384
	10	−0.487	0.445	−1.095	0.273	−1.358	0.384
允许前向结转扣除对企业的慈善捐赠的影响	1	0.099	0.175	0.566	0.572	−0.243	0.441
	2	0.174	0.175	0.994	0.320	−0.169	0.517

附表9 所属行业 * 允许后向结转扣除

参数估计值

效果	参数	估计	标准误	Z	Sig.	95% 置信区间 下限	95% 置信区间 上限
所属行业 * 允许后向结转扣除对企业的慈善捐赠的影响	1	−0.034	0.239	−0.143	0.886	−0.502	0.434
	2	0.562	0.216	2.601	0.009	0.138	0.985
	3	0.088	0.629	0.140	0.888	−1.144	1.321
	4	−0.271	0.627	−0.433	0.665	−1.500	0.957
	5	0.088	0.629	0.140	0.888	−1.144	1.321
	6	−0.271	0.627	−0.433	0.665	−1.500	0.957
	7	−0.082	0.609	−0.134	0.893	−1.276	1.113
	8	0.069	0.544	0.127	0.899	−0.997	1.135
	9	0.094	0.367	0.256	0.798	−0.626	0.813
	10	0.170	0.338	0.502	0.616	−0.493	0.833
	11	0.088	0.629	0.140	0.888	−1.144	1.321
	12	−0.271	0.627	−0.433	0.665	−1.500	0.957
	13	0.088	0.629	0.140	0.888	−1.144	1.321
	14	−0.271	0.627	−0.433	0.665	−1.500	0.957
	15	−0.571	0.570	−1.001	0.317	−1.688	0.546
	16	0.536	0.427	1.256	0.209	−0.300	1.372
	17	0.088	0.629	0.140	0.888	−1.144	1.321
	18	−0.271	0.627	−0.433	0.665	−1.500	0.957
	19	0.088	0.629	0.140	0.888	−1.144	1.321
	20	−0.271	0.627	−0.433	0.665	−1.500	0.957

续　表

效果	参数	估计	标准误	Z	Sig.	95% 置信区间	
						下限	上限
所属行业	1	2.332	0.169	13.823	0.000	2.001	2.662
	2	−0.499	0.444	−1.123	0.261	−1.370	0.372
	3	−0.499	0.444	−1.123	0.261	−1.370	0.372
	4	−0.329	0.416	−0.790	0.429	−1.144	0.487
	5	0.795	0.262	3.030	0.002	0.281	1.309
	6	−0.499	0.444	−1.123	0.261	−1.370	0.372
	7	−0.499	0.444	−1.123	0.261	−1.370	0.372
	8	0.160	0.356	0.450	0.653	−0.537	0.857
	9	−0.499	0.444	−1.123	0.261	−1.370	0.372
	10	−0.499	0.444	−1.123	0.261	−1.370	0.372
允许后向结转扣除对企业的慈善捐赠的影响	1	−0.088	0.179	−0.494	0.621	−0.439	0.262
	2	0.271	0.171	1.590	0.112	−0.063	0.606

附表 10 产品销售范围 * 提高所得税税前扣除限额

参数估计值

效果	参数	估计	标准误	Z	Sig.	95% 置信区间 下限	95% 置信区间 上限
产品销售范围 * 提高所得税税前扣除限额对企业的慈善捐赠的影响	1	0.068	0.281	0.241	0.810	−0.483	0.618
	2	−0.008	0.276	−0.030	0.976	−0.549	0.532
	3	−0.930	0.363	−2.563	0.010	−1.642	−0.219
	4	0.322	0.307	1.052	0.293	−0.278	0.923
	5	0.449	0.239	1.879	0.060	−0.019	0.917
	6	−0.427	0.242	−1.759	0.079	−0.902	0.049
产品销售范围	1	−0.196	0.249	−0.787	0.431	−0.685	0.292
	2	−0.863	0.276	−3.126	0.002	−1.404	−0.322
	3	0.278	0.213	1.303	0.192	−0.140	0.695
提高所得税税前扣除限额对企业的慈善捐赠的影响	1	0.788	0.164	4.820	0.000	0.468	1.109
	2	0.809	0.153	5.301	0.000	0.510	1.108

附表 11 产品销售范围 * 提高所得税税收负担率

参数估计值

效果	参数	估计	标准误	Z	Sig.	95% 置信区间	
						下限	上限
产品销售范围 * 提高所得税税收负担率对企业的慈善捐赠的影响	1	0.210	0.194	1.087	0.277	−0.169	0.590
	2	0.077	0.186	0.416	0.678	−0.287	0.441
	3	−0.617	0.309	−2.000	0.045	−1.222	−0.012
	4	0.578	0.239	2.414	0.016	0.109	1.048
	5	0.317	0.158	2.005	0.045	0.007	0.627
	6	−0.616	0.163	−3.776	0.000	−0.935	−0.296
产品销售范围	1	−0.300	0.143	−2.091	0.037	−0.581	−0.019
	2	−1.137	0.199	−5.711	0.000	−1.528	−0.747
	3	0.449	0.115	3.900	0.000	0.223	0.674
提高所得税税收负担率对企业的慈善捐赠的影响	1	0.109	0.122	0.893	0.372	−0.130	0.348
	2	0.187	0.107	1.753	0.080	−0.022	0.396

附表 12 产品销售范围 * 允许前向结转扣除

参数估计值

效果	参数	估计	标准误	Z	Sig.	95% 置信区间	
						下限	上限
产品销售范围 *允许前向结转扣除对企业的慈善捐赠的影响	1	0.240	0.315	0.762	0.446	−0.378	0.859
	2	−0.034	0.301	−0.113	0.910	−0.624	0.556
	3	−0.134	0.345	−0.388	0.698	−0.809	0.542
	4	0.203	0.306	0.664	0.507	−0.396	0.802
	5	0.015	0.239	0.063	0.950	−0.453	0.483
	6	−0.295	0.225	−1.312	0.190	−0.736	0.146
产品销售范围	1	−0.485	0.259	−1.871	0.061	−0.993	0.023
	2	−0.622	0.268	−2.325	0.020	−1.147	−0.098
	3	0.328	0.186	1.764	0.078	−0.036	0.692
允许前向结转扣除对企业的慈善捐赠的影响	1	0.217	0.164	1.323	0.186	−0.105	0.540
	2	0.728	0.151	4.811	0.000	0.432	1.025

附表 13　产品销售范围 * 允许后向结转扣除

参数估计值

效果	参数	估计	标准误	Z	Sig.	95% 置信区间	
						下限	上限
产品销售范围 * 允许后向结转扣除对企业的慈善捐赠的影响	1	0.139	0.336	0.415	0.678	−0.519	0.798
	2	0.117	0.305	0.383	0.702	−0.481	0.714
	3	0.039	0.350	0.111	0.911	−0.647	0.725
	4	0.117	0.312	0.375	0.708	−0.495	0.728
	5	0.137	0.258	0.532	0.595	−0.369	0.643
	6	−0.532	0.247	−2.152	0.031	−1.016	−0.047
产品销售范围	1	−0.435	0.265	−1.642	0.101	−0.955	0.084
	2	−0.536	0.270	−1.981	0.048	−1.066	−0.006
	3	0.213	0.196	1.086	0.277	−0.172	0.598
允许后向结转扣除对企业的慈善捐赠的影响	1	0.078	0.173	0.451	0.652	−0.262	0.418
	2	0.747	0.157	4.771	0.000	0.440	1.055

附表 14 所处成长阶段 * 提高所得税税前扣除限额

参数估计值

效果	参数	估计	标准误	Z	Sig.	95% 置信区间	
						下限	上限
所处成长阶段 * 提高所得税税前扣除限额对企业的慈善捐赠的影响	1	−0.635	0.425	−1.494	0.135	−1.468	0.198
	2	−0.154	0.404	−0.382	0.702	−0.946	0.637
	3	0.401	0.235	1.707	0.088	−0.059	0.861
	4	0.123	0.240	0.513	0.608	−0.347	0.594
	5	0.365	0.288	1.269	0.204	−0.199	0.929
	6	0.606	0.289	2.092	0.036	0.038	1.173
所处成长阶段	1	−1.064	0.317	−3.361	0.001	−1.684	−0.443
	2	1.348	0.198	6.806	0.000	0.960	1.736
	3	0.696	0.255	2.735	0.006	0.197	1.195
提高所得税税前扣除限额对企业的慈善捐赠的影响	1	0.693	0.197	3.517	0.000	0.307	1.079
	2	0.549	0.201	2.736	0.006	0.156	0.942

附表 15 所处成长阶段 * 提高所得税税收负担率

参数估计值

效果	参数	估计	标准误	Z	Sig.	95% 置信区间	
						下限	上限
所处成长阶段 * 提高所得税税收负担率对企业的慈善捐赠的影响	1	0.350	0.505	0.693	0.489	−0.640	1.339
	2	0.189	0.409	0.463	0.644	−0.612	0.990
	3	−0.194	0.274	−0.708	0.479	−0.730	0.342
	4	0.249	0.227	1.095	0.274	−0.197	0.694
	5	−0.590	0.317	−1.857	0.063	−1.212	0.033
	6	0.388	0.245	1.585	0.113	−0.092	0.868
所处成长阶段	1	−1.242	0.333	−3.730	0.000	−1.894	−0.589
	2	1.570	0.174	9.019	0.000	1.229	1.912
	3	0.997	0.194	5.149	0.000	0.617	1.376
提高所得税税收负担率对企业的慈善捐赠的影响	1	−0.716	0.240	−2.988	0.003	−1.186	−0.246
	2	0.543	0.209	2.602	0.009	0.134	0.953

附表 16 所处成长阶段 * 允许前向结转扣除

参数估计值

效果	参数	估计	标准误	Z	Sig.	95% 置信区间	
						下限	上限
所处成长阶段 * 允许前向结转扣除对企业的慈善捐赠的影响	1	0.031	0.426	0.072	0.943	−0.805	0.866
	2	−0.294	0.391	−0.752	0.452	−1.061	0.473
	3	0.226	0.239	0.944	0.345	−0.243	0.695
	4	0.027	0.213	0.129	0.897	−0.390	0.445
	5	0.046	0.259	0.176	0.860	−0.463	0.554
	6	−0.105	0.230	−0.455	0.649	−0.556	0.346
所处成长阶段	1	−1.033	0.310	−3.334	0.001	−1.640	−0.426
	2	1.094	0.178	6.140	0.000	0.745	1.443
	3	0.638	0.190	3.369	0.001	0.267	1.010
允许前向结转扣除对企业的慈善捐赠的影响	1	0.028	0.200	0.138	0.890	−0.363	0.419
	2	0.689	0.174	3.952	0.000	0.347	1.030

附表 17 所处成长阶段 * 允许后向结转扣除

参数估计值

效果	参数	估计	标准误	Z	Sig.	95% 置信区间	
						下限	上限
所处成长阶段 * 允许后向结转扣除对企业的慈善捐赠的影响	1	0.149	0.420	0.355	0.723	−0.675	0.973
	2	−0.140	0.369	−0.379	0.704	−0.863	0.583
	3	0.004	0.239	0.015	0.988	−0.465	0.472
	4	0.060	0.201	0.300	0.765	−0.333	0.454
	5	0.039	0.265	0.146	0.884	−0.481	0.559
	6	0.049	0.223	0.221	0.825	−0.388	0.487
所处成长阶段	1	−0.994	0.300	−3.311	0.001	−1.583	−0.406
	2	1.097	0.167	6.575	0.000	0.770	1.424
	3	0.551	0.186	2.962	0.003	0.186	0.916
允许后向结转扣除对企业的慈善捐赠的影响	1	−0.175	0.196	−0.891	0.373	−0.559	0.210
	2	0.702	0.165	4.250	0.000	0.378	1.026

附表 18 2003—2009 年度描述性统计数据

obs	2003	2004	2005	2006	2007	2008	2009
Mean GIV	66 485.629 63	51 853.793 1	98 885.271 43	89 339.402 01	109 334.484	125 385.817	188 616.823
Med GIV	30 000	20 000	18 000	20 000	50 000	26 934	31 000
Sd GIV	153 371.71	87 823.893 93	330 648.931 2	421 158.280 7	185 379.879 2	558 641.966 9	720 540.312 8
Min GIV	5 000	5 000	5 000	5 000	5 000	5 000	5 000
Max GIV	816 263	440 000	2 700 000	5 600 000	1 597 000	10 217 481	9 001 000
Mean XZ	0.962 962 963	0.931 034 483	0.985 714 286	0.537 688 442	0.611 702 128	0.529 787 234	0.575 221 239
Med XZ	1	1	1	1	1	1	1
Sd XZ	0.192 450 09	0.257 880 715	0.119 522 861	0.499 835 007	0.488 664 311	0.499 643 751	0.495 406 63
Min XZ	0	0	0	0	0	0	0
Max XZ	1	1	1	1	1	1	1
Mean HY1	0.963 0	0.965 5	0.942 9	0.909 5	0.883 0	0.806 4	0.858 4
Med HY1	1	1	1	1	1	1	1

续 表

obs	2003	2004	2005	2006	2007	2008	2009
Sd $HY1$	0.19	0.19	0.23	0.29	0.32	0.40	0.35
Min $HY1$	0	0	0	0	0	0	0
Max $HY1$	1	1	1	1	1	1	1
Mean $HY2$	0.00	0.00	0.00	0.07	0.09	0.15	0.07
Med $HY2$	0	0	0	0	0	0	0
Sd $HY2$	0.00	0.00	0.00	0.26	0.29	0.36	0.26
Min $HY2$	0	0	0	0	0	0	0
Max $HY2$	0	0	0	1	1	1	1
Mean $HY3$	0.00	0.00	0.01	0.00	0.02	0.02	0.02
Med $HY3$	0	0	0	0	0	0	0
Sd $HY3$	0.00	0.00	0.12	0.00	0.13	0.15	0.15
Min $HY3$	0	0	0	0	0	0	0
Max $HY3$	0	0	1	0	1	1	1
Mean SR	203 468 568.63	180 677 526.62	418 856 233.83	354 163 721.03	528 231 387.67	329 750 322.85	500 371 839.09
Med SR	110 260 380	103 955 546	90 679 598	57 964 998	100 496 758	70 983 951.5	91 748 195.5
Sd SR	268 155 158	216 012 738.2	1 012 928 159	1 326 320 625	1 631 224 010	1 340 128 410	1 521 890 054
Min SR	7 691 296	12 188 875	5 158 153	5 576 518	4 544 948	225 3671	2 973 724
Max SR	1 145 110 928	1 064 427 249	7 716 840 847	16 160 705 532	16 344 221 493	18 738 432 591	15 041 843 609
Mean LR	30 193 987.7	17 029 526.86	38 467 378.29	24 916 190.84	42 159 925.16	22 233 265.16	42 798 592.42

续 表

obs	2003	2004	2005	2006	2007	2008	2009
Med LR	8 187 757	4 182 644	4 767 985.5	1 902 431	3 710 924	2 086 840	4 417 576
Sd LR	58 506 254.56	31 228 438.06	87 141 892.1	78 393 347.18	156 887 001.4	98 408 667.18	117 662 187.1
Min LR	130 771	112 206	54 307	3 353	39 445	11 737	22 772
Max LR	236 255 640	148 596 857	456 266 709	602 078 229	1 636 025 457	1 288 299 005	893 926 083
Mean SSJG	0.86	0.85	0.83	0.77	0.77	0.78	0.79
Med SSJG	0.878 4	0.877 8	0.872 25	0.75	0.73	0.75	0.75
Sd SSJG	0.05	0.07	0.08	0.10	0.10	0.05	0.06
Min SSJG	0.707	0.711	0.67	0.458 9	0.67	0.75	0.75
Max SSJG	0.922 7	0.948 5	0.925	0.925	0.925	0.925	0.925
Mean FZL	0.55	0.53	0.55	0.56	0.64	0.59	0.57
Med FZL	0.58	0.57	0.57	0.62	0.66	0.62	0.61
Sd FZL	0.17	0.21	0.21	0.24	0.21	0.23	0.23
Min FZL	0.12	0.12	0.06	0.00	0.03	0.01	0.01
Max FZL	0.83	0.88	1.00	1.00	1.00	1.00	1.01